風をとらえ、沖へ出よ
教会変革のプロセス

チャールズ・リングマ

深谷有基［訳］

Catch the Wind
Church Where People Matter
Charles Ringma

Catch the Wind

By Charles Ringma

© 1994 Charles Ringma
This Japanese edition is published
by arrangement with AmenDo Publishers

聖書は『聖書 新改訳』(© 新日本聖書刊行会) を引用

目　次

日本の読者のみなさんへ ……………………… 5

まえがき ……………………………………… 9

序　章 ………………………………………… 17

第1章　変革をめぐる私の旅路 ── 道しるべが指し示してきたこと …… 29

第2章　変革の政治学 ── 何が変化をそこまで難しくするのか ………… 39

第3章　変革を求める訴え ── 教会に何が必要とされているのか ……… 51

第4章　変革の障壁 ── 行く手をはばむ問題 ……………………… 71

第5章　変革の必然性 ── 応答すべきいくつかの問い ……………… 87

第6章　変革の源 ── 聖書が教えるヴィジョンの描き方 …………… 99

第7章　変革のヴィジョン ── 教会を変える新しい洞察とは何か ……… 111

第8章　ヴィジョンを実行に移す
　　　　── 人々のエンパワーメントはどのように実現されるのか ……… 129

第9章　生き方の変革 ── イエスを中心とする生き方へ …………… 155

結　論 ………………………………………… 167

補　遺 ── 変革モデルの一例 ………………… 175

ディスカッションのための問い ……………… 178

参考文献 ……………………………………… 190

訳者あとがき ………………………………… 193

文章中〔　〕内は訳注

日本の読者のみなさんへ

　本書を書き始めたのは1991年、ブリスベンからマニラへ向かうロシア貨物船のなかでした。マニラではアジア神学院で教えることになっていました。時間のかかる船旅にしたのは、オーストラリアを去って新しい世界に飛び込む前に調整期間が欲しかったからです。また、ジュビリーフェローシップで過ごした長い年月を省みる時間も欲しかったのです。その超教派の教会は共同体であることを大切にし、とくに問題を抱えた若者たちや薬物依存を抱えた人々と20年近く共に歩むなかから生まれました。この教会での実践が本書の主要部分を形づくっています。

　1994年、本書はついにアルバトロスブックス社（オーストラリア）から出版され、オーストラリア・キリスト教文書協会が選ぶ年間最優秀図書賞を共同受賞しました。本書はそれからほどなく、フィリピンのOMF出版局からも出版され版を重ねました。それ以降は2005年、カナダのリージェントカレッジ出版局から出版されることになり、いまに生き残っています。

　本書がここまで生き続けるとは思ってもみませんでした。内容がラディカルすぎてすぐ消えてしまうだろう、と高を括っていました。ましてや西洋の教会事情を前提とした本書が、社会も教会もヒエラルキーを重んじるアジア文化圏で広く受け入れられることになろうとは、予想だにしていませんでした。ですからこの日本語版の登場には驚いています。

　さて、ここで日本の読者のみなさんに何を言えばよいか考えあぐねています。私はいまもアジアの神学教育に関わっていますが、じつはアジアの友人たちや同僚たちに助言するごとに、いつもためらいを覚えてきました。文化的な違

いや私自身の西洋的な偏見を強く自覚していますし、私のようなよそ者の助言などなくとも、アジアの教会はしっかりやっていけると思っているからです。それどころか、私はアジアの諸教会から大いに祝福とチャレンジを受けてきました。

　ためらいを覚えるまた別のわけもあります。最初の執筆から四半世紀を経たいまも、本書のような本を書くだろうかという問いです。私はいま教会に関する別の本を書いていますが、それは当然ながら本書とは違ったものになるでしょう。とはいえ、本書で提起した核心部分は変わりません。教会は、それぞれの時代と文化において自らを再構築する必要があるけれども、信仰共同体であるために不可欠なしるしは変えるべきでない、と信じています。教会はキリストにおいて、キリストをとおして、聖霊にあって、神の栄光のために存在し、世に仕え、礼拝し、教え、人々と交わる神聖なる共同体です。

　信仰共同体としての教会が今日意味あるものとしてあり、同時に宣教的であろうとするなら、変革こそが教会のあり方の目印であるべきだ、と信じています。教会は第二の「受肉」であり、神の国のしるし、僕(しもべ)、神秘であるはずです。教会は行き詰まった一制度ではなく、聖霊において、言葉と行いと霊的実践をとおしてあらわされた共同的な「生命力」です。

　さらに、教会という信仰共同体こそ、民族、社会的地位、ジェンダーによって人々を別々に「分類」し区分する文化的・社会的境界線を越えた営みだ、と信じています。新約聖書はリーダーシップと霊の賜物の多様性を祝いつつ、キリストがもたらしたラディカルな平等性もまた強調しています。その平等性は、あらゆる隔ての壁を崩し、「最後のアダム」としてのキリストと共に、新しい人間を生み出します。つまり信仰共同体は、最終的な未来に到来する、新しい神の世界の胎動を予兆するものなのです。

　さて、日本の読者のみなさんに向けて、もう少し具体的に申し上げてみたい

と思います。第一に、本書を一つのレンズとして、新約聖書の物語の力を見直してみてください。なかでも初期信仰共同体を形づくった聖霊の働きの物語、そこに真の霊感の力があります。

第二に、そのような新約聖書の読み方において、創造的適用の解釈を試してみてください。言い換えれば、教会であること、教会をすることの不変モデルを見つけるべきだという考え方から自由になって欲しいのです。

第三に、教会が日本社会の少数派だという現実ゆえに内向きになったり、自己保身的になったりしないでください。学者たちの概算によれば、紀元2世紀にローマ帝国の人口が4000万人以上だったとき、キリスト者は20万人で人口の0.5パーセントしかいませんでした。そのときキリスト者が恐れおののき、「強大で悪しき世(ビッグ・バッド・ワールド)」から身を隠したという証拠はありません。

第四に、本書の課題は、これぞ正しい教会のあり方だというような特定のモデルを提示することではありません。むしろ課題は、共同体としてその構成員をエンパワー*し、建て上げるあり方と、礼拝し、癒し、仕える共同体として、世にあってキリストの道を生きる意味を模索することです。人々に感銘を与えるのは組織ではなく、魅力的な生き方です。

この小さな本が、あなたの教会にたどり着いたことを光栄に思っています。読者のみなさんが本書の頁をめくりながら、勇気と希望を見い出してくださることを信じています。

2016年秋

チャールズ・リングマ

＊「エンパワー／エンパワーメント」は、人々の内にある能力、個性、可能性を肯定し励まし、それらを当事者自ら発揮していく方向性を意味する。市民運動や社会福祉の分野から普及した概念。本書第7章で集中的に扱う。

まえがき

　本書は、教会についての単なる学問的関心からではなく、まず何よりも私自身の長く痛切な葛藤から生まれました。その葛藤をことさら深めたのは、解決不可能に思える二つの緊張関係でした。一つ目は制度的教会と、そうした教会の伝統からは傍流とされるようなキリスト者共同体の間で経験してきた緊張関係です。「あっちよりはこっちのほうがいい」とどちらかに落ち着くのでなく、どちらの教会のあり方も創造的に関わり合う必要がある、と私は信じています。二つ目は教会——それが制度的教会だろうとなかろうと——と世との緊張関係です。教会はただ自らのために存在しているのではなく、世にとって意味あるものでなければなりません。そう信じるがゆえに私は、教会に忠実でありながら街場(マーケットプレイス)にとって意味あるものであろうとして、その間でたえず引き裂かれてきました。

　街場だけでなく、街の通りの暗がりでたむろする若者たち、公共福祉サービスの現場、民間産業、あるいはアカデミアの神聖な殿堂でも、人々の反応はほとんど同じでした。人々はイエスには惹かれていましたが、教会については軽蔑すらしているか、自分たちにとってほとんど無意味なところだと思っていました。

　そんなことは大した問題でない、と暢気(のんき)に構えていた時期もありました。「イエスのことばをじっくり理解してもらえば、知り合いは教会に来てくれるだろう」と思っていました。その確信はほどなく揺らぎ始めました。人々がイエスに出会っても教会につながらなかっただけでなく、教会の内にいた人々までもがその裏口から出ていってしまったのです。

教会の内にいる人々とその外にいる人々双方ともが感じていたことがあります。それは、教会の複雑さが福音書の単純さからあまりに隔たっていること、教会組織の仕組みが新約書簡で強調されるキリストにある根源的自由を台なしにしていることでした。つまり、人々はイエスのいのちのヴィジョンと制度的キリスト教のそれとの間に、大きなギャップがあると見なしていました。

　これはかなり困った問題だと思いました。薬物依存の人々や売春婦たちが、キリストにある新しいいのちを受け入れる姿は麗しいものでした。しかし彼(女)らが教会生活になじむのに苦労する姿は、見るのも辛いものでした。教会は多様な弟子たちの共同体というより、一つの画一的な文化でした。

　話をさらにややこしくさせることがありました。街場や家々で生まれたインフォーマルな分かち合い、仕え合い、祈り合い、労り合いこそが、教会のあるべき姿をあらわしているように見えたのです。つまり、教会の形式にこだわらないほうが、人々とつながることができ、彼(女)らの抱える問題や葛藤を共有してもらうことができました。

　なかでも家々でもてなしを実践するとき、こうしたことが起こりました。人々はそこでキリストを信じ、献身し、弟子として成熟しましたが、それは教会によくある形で伝道され、牧会されたからではありません。それは、友情関係を築くさなか、日常生活で時間を共にするさなか、料理や掃除など家事を一緒にし、その後の楽しい夕べのひととき、お互いの人生について語り合い、打ち解けるさなかで起こったことでした。

　こうした生き方には、リアルな匂いや本物の響きがありました。かたや教会は、形式ばって偽物っぽく映りました。日常生活からあまりにかけ離れているように思えてなりませんでした。そこでは生活が分かち合われていましたが、日曜日の教会では、お決まりの宗教的儀式が中心を占めていました。

　本書はこうした葛藤のいくばくかを解きほぐす試みです。その試みは、ある前提に基づいています。教会のあり方はいろいろでありうる、ということです。

本書は、神が考え出した教会は良いものだけれども、教会の「人相」については私たちに責任がある、と認識しています。教会の形式や体制を生み出すのは、私たちです。決まりごとをつくるのも、私たちです。

私たちは、有益とは言いがたい教会を生み出してきました。教会は人々をエンパワーする形で団結させず、俗世との間に有意義な橋渡しをできずにきました。むしろ私たちは「清すぎる」厭世的教会か、実利的すぎて世を変える力のない教会を建ててきました。そのどちらにも共通する問題点があります。それは、リーダーたちの神学的指針や制度の組織的現実が、教会を構成する人々の関心や問題より優先されてきた、ということです。

神の民は、彼（女）らに仕えているとうたう制度のなかでこそ、端っこに追いやられてばかりきました。

その決まりごとを変える時がきた、と信じています。西洋の教会はもう長いこと上手く行っていません。いつの間にか社会の傍観者として、無力な道徳の番人役を引き受けています。教会は聖書的倫理を堅持していると称し、時代遅れの考え方を奨励してきました。どんどん姿を消していくばかりの、旧い世界の永続性と確実性にしがみついてきました。

その結果、教会には現代世界のさまざまな大問題を方向づける力がほとんどありません。教会は男性たち（そしていまや女性たち）を教会活動のために信仰深く訓練してきたものの、世での任務のためにはじゅうぶんな訓練をしてきませんでした。神の国より教会を建てることに関心がありました。そのため諸科学、芸術、政治といった分野におけるキリスト者の貢献は、期待するほど多くないままです。

そればかりか、教会自体の営みが本物の共同体の性質、また、貧しい人々や抑圧された人々の叫びに声を合わせるキリストへの「高価な」服従の道〔ボンヘッファー『キリストに従う』参照〕の性質を帯びてきませんでした。西洋の教会は概して保守的、中産階級的な現象であり、労働者階級とのつながりを回

復できず、社会の周辺に追いやられた人々をなかなか招き入れられずにきました。教会はもはや、ウェスレーの時代のような貧しい人々の擁護者ではありません。

幸いなことに、発展途上の世界にある教会はもっと上手くやってきましたし、西洋世界にある教会にとっても、これまでと違うやり方があることを示す道しるべの役を果たしてくれています。第三世界の教会は、キリスト者基礎共同体において、貧しい者たちの教会が持つ力を証明してきました。そこでは霊性が社会正義と出会い、教会共同体は貧しく困窮している隣人たちを喜んで迎え入れています。

発展途上世界の教会は問題なし、西洋世界の教会は問題山積、ということではありません。そんな単純化は避けねばなりません。とはいえ西洋の教会は、ここ数十年のカリスマ派刷新運動を超えていく刷新が必要です。刷新された人々が旧い体制に留まっていては結局、推進力を損ねてしまいます。

しかし本書は、新しい体制の青写真を提案することではなく、人々をエンパワーし、共同体と正義を打ち立てるのに有効なプロセスに集中することを主眼としています。

教会がどう変わりうるかを描く試みが、大勢の支持を得られるとは期待していません。本書を評価しない神学者もいるでしょう。本書の頁にはバルト、ブルトマン、パネンベルク、ラーナー、モルトマンといった神学界のビッグネームが散りばめられていません。それはそう意図したのであって、彼らの神学的立場を知らないとか評価していないというわけではありません。本書の関心は、学者たちに限られた議論をすることより、むしろ一般読者を引き込むことにあります。

こうしたアプローチをよしとしない聖職者もいるでしょう。彼（女）らの権力基盤を脅かすからです。セクト的だと見なす教団リーダーもいるかもしれません。保守派の多くは、自分たちの聖書解釈には合わないと拒絶するでしょう。

それでも、どうか熟読をお願いします。そもそも本書は、因襲打破を目論んでいるわけではありません。現在の教会のさまざまな体制に批判的ではあるものの、刷新された教会のヴィジョンを含んでいます。

本書は、おもな読者層として二つのグループを想定しています。第一のグループは、制度的教会のなかで倦むことなく変革を働きかけたものの、最後にあきらめてしまった人々です。彼(女)らは立ち往生してしまいました。もう一度やってみるエネルギーもなく、伝統的な教会体制の外側で何かを生み出そうとする意欲もありません。私はそうした立派な人々に多く会ってきました。彼(女)らは闘いで打ちのめされ、置き去りにされています。

第二のグループは、オルタナティブな教会のあり方を試みてきた勇敢な少数派です。この人々は意図的キリスト者共同体(インテンショナル・クリスチャン・コミュニティ)や家の教会を形成してきましたが、そのうち孤独な道を歩いていることに気づき、内向きになってしまっています。

どちらのグループにも訴えたいのは、その変革をさらに進めて人々をエンパワーすることです。

ほかに第三、第四、第五のグループも想定しています。第三のグループとは、教会とのつながりを断ってしまった人々です。彼(女)らはいまも信仰を持ち、祈り、奉仕していますが、教会からは疎外されてしまっています。このカテゴリーに入る人々は多く思い浮かびますが、ここでは一つのエピソードを示すだけに留めましょう。ある家族は家での祈りのとき、みことばに聴くときを持ち続けています。父親は職場でも思慮深い価値観に基づいて行動する模範的キリスト者です。母親は祈り深く、子どもたちも学校でキリスト者としてはっきりした証しをしています。しかしこの家族は教会の敷居をまたごうとしません。こうした人々にとって本書が、信仰の旅路にある他の人々へ合流することを励ますものになると信じています。

第四のグループは、教会に強い不満を持っているものの、腰を上げない人々

です。彼（女）らは教会のなかで変革のために働くこともなければ、オルタナティブなあり方を試すこともありません。単に現状に満足せず過ごしています。その腰の重さにはさまざまな理由があるでしょうが、彼（女）らがいまだに旧い教会モデルに従って動いていることが、その根底にあります。教会とは彼（女）らにとって、霊的商品・サービスが提供されるところなのです。彼（女）らはこうしたサービスに不満はあっても、自分たち自身が教会であり、自らの成長に責任があるという感覚を持ち合わせていません。

　本書が彼（女）らにとっても、新しい責任感を呼び起こし、行動するきっかけになることを願っています。

　本書が想定する第五のグループは、変革を推し進められずにいる若い人々です。「ミー・ジェネレーション」〔自分さえよければよい世代〕、そして、「ゴッド・ブレス・ミー・スタイル」〔自分が祝福されることだけを求める生き方〕のキリスト教の申し子である彼（女）らはぬるま湯にひたり、落ち着いてしまっています。彼（女）らは本来ならもっと理想主義的で、ラディカルで、変革のよい担い手であるべき人々です。若者は既存の体制に圧力をかけ、挑む傾向があります。そうしたことが1960年代後半から70年代前半に起こり、新しいユース・ミニストリーがぞくぞくと生まれ、キリスト者たちは共同生活、意図的共同体、財産共有、拡大家族的生活などを試みました。オーストラリアでは、「ザ・ハウス・オブ・ザ・ニュー・ワールド」「トゥルース・アンド・リバレーション・コンサーン」「ティーン・チャレンジ」「ハウス・オブ・フリーダム」「ハウス・オブ・ザ・ジェントル・バニップ」などの団体が出現し、多くの家の教会が生まれ発展しました。

　いまの若い世代には変革に向けた創造的な働きが見られないようで、教界を見渡してもずいぶん殺風景です。なぜ若者の間に推進力が生まれないのかについては複雑な社会現象が背景にあり、ここで分析はできません。私の祈りは、若者がラディカルなイエスのヴィジョンを回復し、それを教会の新しいあり方へと翻訳し、世に影響を与えるようになることです。変革は若者から

のみ起こりうると言うつもりはないですが、本書が若者を奮い立たせるものになることを心から願っています。次の千年紀の教会がどのようなものになるか、その種をもたらすのは彼(女)らなのですから。

　これまで述べたことと矛盾しないはずですが、これから語ることが多少なりとも神学者たち、聖職者たち、教団のリーダーたちにとっても意義深いものであり、変革に向けて戦略的に働く励ましになることを願わずにはいられません。人々を真にエンパワーし、実り豊かな社会奉仕へと人々を解き放つ教会を生み出すために。

　いくつかの感謝を順に述べます。いままで出会った、よい働きをなしつつも注目されることのないキリスト者たちにとくに感謝します。彼(女)らは「教会ごっこ」を拒み、キリスト者として、また神の民としてより真正なあり方をあらわそうと模索してきました。また、アルバトロスブックス社のジョン・ウォーターハウス氏とケン・グッドレット氏からの励ましと助けは最もありがたいものでした。このような本を出版したいという彼らの想いそのものが希望のしるしです。

　最後に、本書はクリス・ブラウン氏に多くを負っています。氏は価値ある最初のフィードバックをくれたばかりでなく、本書の一部を、身をもって実践する旅路に踏み出してくれました。それから、教会の境界線を、ゆっくりではあっても押し広げ続けているジュビリーフェローシップのみなさんにも感謝します。

1994年、ブリスベン、そしてマニラにて

著　者

序　章

　教会について語るのは、たやすいことではありません。教会と一口に言っても、それぞれのキリスト者にとってそれぞれの意味があります。教会は変わりゆく社会の現実に適応すべきだと強く信じる人々がいれば、それと同じくらい教会の体制や形式は変わるべきでないと強く信じる人々もいます。ですから、教会についての話は論争の種になりかねません。

　ましてや教会に批判的であるのは、なお難しいことです。そんな態度は霊性に欠けていると見る人々もいます。「よくも神の家を批判できるものだ」と彼（女）らは眉をひそめます。教会を批判しようなどまったくの傲慢だと思う人々もいます。「教会にとって最善なことなど誰も分かるはずがない」というわけです。

■ 変革の呼び声 ■

　この二組の批判に対して私はこう応答します。自分が愛するものなら、それを批判することをよしとするほど真剣に受け止めるべきではありませんか。ディートリヒ・ボンヘッファーはかつて、自国を愛するとは、そこに圧制があればそれを破るべく国と戦うことをも意味する、といった主旨のことを言っています。この圧制とは、もちろんナチス・ドイツのことです。

　教会もたまに人々を抑圧する体制になることがありますが、教会を愛すればこそ、私たちはそれを創造的に変革する働きへと促されるでしょう。

　さてそれでは、読者のみなさんと関わるために、これらの差し迫ったテーマに関するみなさんの文脈、問題、関心を、私がどう見ているかまず示してみ

ます。同時に、みなさんには私の考え方にもお付き合い願います。私の課題は、見慣れたものを見定め描写するだけでなく、新しいあり方、行動の仕方、応答の仕方を問い、調べ、そして提案することだと思っています。

　そういうわけで、私たちは共に批判的に考えねばなりません。私にすべての答えがあるわけではありません。新しい問いと試みを私がいくつか提示することで、新しい答えを、限られたやり方ながら一緒に見つけられるかもしれません。こうした著者と読者の創造的な協働とは、著者の答えを受け入れることではなく、読者もまたそれらの問いと葛藤することでもあります。もしそのようなことがみなさんに起こるならば、より包括的な答えが出てくるに違いありません。

　意味ある変革は、決して単独では起こりません。大規模な変革が起こりうるのは、多くの人が「もうたくさんだ」と言い、別の道を模索し始めるときです。しかもたいていそこには、問いを発する人々、問題を見極めようとする人々、新しいモデルを用いて実験に着手しようとする人々がいるものです。

　重ねて強調しておきたいことですが、本書は、教会をより真正なものにし、諸問題を解決するシンプルで新しい一つの体制を提案するものではありません。そのようなやり方で問題は解決できません。すべてを知る「預言者」などいません。本書が語るのは、来るべき教会の輪郭であって、その最終形態ではありません。また本書が提案するのは、決まりごとそのものを変えることであり、新しい手続きや方式を旧い決まりごとに則ってただ実践することではありません。

　ここ最近の話でその失敗例として最も目立つのが、大半のカリスマ派刷新運動です。その神学の核心は、神の民全員が聖霊によってミニストリーのためエンパワーされる、そして各々の貢献が教会を建て上げるために必要だ、というものでした。その結果、各々に与えられた賜物をあらわす新しいあり方が見い出され、人々は礼拝に参画するようになっていきました。しかし旧い決まりごとは手つかずで、依然として牧師が教会のあり方と方向性を決める強

大な力を持ったままでした。

　変革が周辺に留まっていてはなりません。中心、すなわち権力と統制の問題に及ぶものでなければなりません。こうした複雑な問題に取り組むためには、トップダウン型ではなく参加型のプロセスが求められます。つまりより十全な答えは、読者のみなさんから出てくるべきなのです。私の問いがみなさんの側に新しい問いを生み出し、私の部分的な答えがみなさんから十全な答えを引き出すものとなればと願います。

　最も根本的な問いは、たとえば次のようなものです。「どうしたら教会は、制度にとらわれた体質から、人々に関心を抱く体質へと変われるだろうか。どうしたら人々はエンパワーされ、教会と世において働く責任感を持てるだろうか」。

　つまり本書は、これからの教会の青写真を眺めようと招くのではなく、変革のプロセスへと踏み出そうと呼びかけるものです。願わくは、この変革への献身こそが、著者と読者を結びつけるものとなりますように。

■ 変革の呼びかけに対する応答 ■

　しかしまさにこの点をめぐって、いともたやすく著者と読者とが袂を分かつ危険性はあります。問いを共有し解決の可能性へと向かう「旅の道連れ」構想は、出鼻をくじかれかねません。

　そんな変革など求められていないからだ、と主張する人もいるかもしれません。私たちのいまの教会理解や実践こそ本来あるべき姿なのだ。そのような認識に立つ人々は、その立場を正当化する何らかの権威に訴えます。「私たちの教会は新約聖書の実践に従っている」あるいは「私たちの教会のあり方は私たちの信仰告白に従っている」と。ルター派や改革派の教会が後者の立場で、教会刷新運動の多くが前者の好例でしょう。いずれにせよその根底

には、私たちは自分たちの神学を正確に実現しているので、すでに正しい道を歩んでいる、という考え方があります。このアプローチの問題点は、良い神学であっても必ずしも良い実践に翻訳されないことにあります。

教会の歴史的発展という権威に訴える人は、こう言うでしょう。「神がご自身の教会を、時に適ってここまで導いてこられたのだから、この発展は尊重されるべきだ」。

このアプローチは、神の摂理的な配慮を称賛してはいますが、運命論に肩入れしやすいものです。現状体制の称賛となりやすく、現在の教会の姿についての全責任を神の陣地に押し戻してしまいます。

特別啓示の権威に訴える人は、こう言うでしょう。「神が私たちのリーダーに、『これぞ教会のヴィジョンだ』とお示しになったのだから、このヴィジョンを受け入れる者だけが真に教会に属する」。

このアプローチは、ほとんどのセクト的集団が採るものです。特別な神学を持つ特別な集団に属すことがすなわち、唯一にして真の教会の一員であることになります。その唯一にして真の教会とはもちろん、その特定の集団です。悲しいことに、このようなセクト的態度は、エホバの証人などのような伝統的セクトだけでなく、福音派の原理主義的グループやカリスマ派刷新運動のある種のグループにも存在しています。

このような集団において、変革を求める思想は冒瀆的、もしくは本末転倒だと受け止められます。その変革が、その集団の求心力となった啓示の本質を否定するかもしれないからです。そこに疑義を投げかけることは、事実上その集団からの分裂を意味します。

変革など求められていない、と主張するこうした人々がいる一方で、変革の必要を公言はするものの、その実際的な先行きに悲観的な人々もいます。変革が求められていることは理解しつつも、その暗い先行きを嘆く人々です。制度の変革がいかに困難かを考え、教会の大きな変革は行き詰まるのが常だ、

と断言します。多少の変革が周縁で起こったとしても、中心的な権力構造は存続するからです。変革のための働きは結局、フラストレーションを招くだけだ、というのです。

この好例が現代の女性運動です。女性が聖職者になり聖礼典の執行が可能になったとしても、それで女性が大きな力を得たことにはなりません。ましてやそれで人々が、キリスト者の共なる生活、そして世でのミニストリーと奉仕の働き、その双方を方向づける力を得たことにはなりません。

幸いなことに、変革は大事だとしつつ、もう少し楽観的な人々もいます。教会における変革は不可避だと気づいている人々です。彼(女)らは歴史を味方につけています。[1]新約聖書の語る教会のさまざまなモデルは、コンスタンティヌス帝以降の教会とかなり異なっていますし、ヨーロッパ中世の教会と現代の教会はほとんど似ていません。今日のローマカトリック教会は前世紀のそれと違います。また福音派が1990年代に示した教会のあり方は、1950年代のものと同じではありません。変革は起こってきました。

ウィラード・M・スワートリーは、現代の福音派の共同体が、前世紀にあった奴隷制度と安息日に対する認識や、ほんの数十年前まであった戦争と女性に対する認識をどう変えたかを的確に論証しました。[2]こうした認識の変化は、教会自体の変革にとって大きな意味を帯びてきました。それは、女性たちがより重要な役割を果たすようになったことからも理解できるはずです。

変革が起こってきたことは自明です。むしろいま問うべきは、さらなる変革が必要か、です。それに対し、大声で「然り」と答えることが本書のスタート地点です。

■ 積極的・創造的変革の必要性 ■

私なりに歴史から学んだところでは、教会は大きな変革をたやすく、またす

みやかに受け入れようとしません。教会は歴史的要因によって変革へと引きずり込まれるほかありませんでした。宗教改革は重大な宗教的現象でしたが、それは外界と無縁に起こったわけではありません。ルネサンス、そしてヨーロッパの変わりゆく政治的・経済的局面の両者がその状況を備え、教会にも大変革をもたらしました。宗教改革は、他の歴史的出来事に促されなければ起こらなかったかもしれません。

　教会は危機に直面したときにだけ変わる傾向があります。ウェスレーのリヴァイヴァルのような覚醒運動や刷新運動においてもそうでした。ヒトラー時代のドイツで生まれた告白教会や、中国共産主義政権下に開花した地下教会のような、困難な政治的状況においてもそうでした。

　しかしながら、変革力、柔軟性、適応力が、教会に本来的に備わっていたことはほとんどありません。そのことは教会内の大きな、そして数ある小さな分裂によってもじゅうぶん例証されます。キリスト者共同体の分化は、教理的な問題からというより、おもに変革への抵抗から引き起こされることがしばしばです。

　それでも教会は、あまりにめまぐるしく変化する世界のなかで、現に起こっている社会変化にもっと適応し応答していく必要があります。たとえば、いまや多くの西洋諸国を特徴づけている、二つの非常に異なる社会的現実を考慮せずに、教会を構築するのは馬鹿げていると言えます。一つ目の社会的現実として、失業者と非正規雇用の若者からなる「底辺層」、そしておもに退職した人々からなる「有閑層」が存在します。二つ目として、多くを求められる職業に就き、さらなるトレーニングを課せられ、たいがいは共働きをしている忙しい人々がいます。彼（女）らは息つく間もありません。

　教会がこの二組の集団に対してかなり異なった対応をする必要があるのは明白です。しかし悲しいことに、教会は伝統的プログラムを維持するばかりです。

　伝統的プログラムを維持することの根本的な欠陥は、教会の本質と形式の

違いを区別していないことにあります。教会の本質は、イエス・キリストを中心とした信仰者たちによる共同体と定義できるでしょう。教会の形式は、その教会の本質をあらわす多様なプログラムと関連しているはずです。これらのプログラムは、変わりゆく状況に応じて変わるべきです。ただし教会の本質は変わるべきではありません。悲しいことに、形式と本質がしばしば混同されているのです。

　本書は、変革は不可避なだけでないことを前提としています。単なる歴史的圧力によって教会に押しつけられる変革は、創造的な変革ではありません。それは反動です。

　先を見越して行動しようではありませんか。大切なのは時代に先駆けて変わることです。

■ いま変革する必要 ■

　そんな変革など求められていない、と主張する読者は当然こう問うでしょう。「いまがそのときだとどうして分かるのか」。それに対するひとまずの答えとして、ここでは三つの点から応えます。一点目は個人的なこと、二点目は歴史的なこと、三点目は変わりゆくイデオロギーについての考察です。

　一点目の（そして説得力のいちばん低い）議論として、一つの実話を挙げます。過去10年以上、私は教会を去った多くの人々と話してきました。私はよく冗談半分、真面目半分でこう言ったものです。「キリスト教からの脱落者をみんな僕にくれないか。街いちばんの大教会ができるよ」。しかしこの話の悲劇はそこではありません。教会が「回転ドア」のように、人々が入っては出ていくところになってしまったことです。そのようなわけで、西洋キリスト教はどこか「スーパーマーケットスピリチュアリティ」の性質を帯びてきたのではないか、という懸念が強まっています。

はげしい苛立ちから教会を去った人々がいます。創造的で変わり者の友人がいました。彼は若者向けの斬新なプログラムを、やや保守的で中産階級向けの教会に持ち込もうとしました。教会のあった地域は昔と変わりつつあり、労働者階級の人々や行き場のない若者たちが増えてきていました。残念ながら、彼の目論見は実現しませんでした。ついに彼は自分で若者向けの福祉団体を立ち上げました。その団体は若者たちを感化し、そこから教会もいくつか生まれました。こうした話はよくあることでしょう。

　助けと癒しをもたらすはずの制度に傷つけられ疎外されて教会を去った人々もいます。ある女性が思い浮かびます。彼女はおそろしく崩壊した結婚関係によって深刻な感情的・精神的衰弱に陥っていましたが、教会からはその関係に留まるよう勧められました。こうした話もありふれたものです。しかし、どれも一人の人生に関わることなのです。

　教会はいともたやすく、非現実的な期待を人々に求めます。教会は信仰の旅路の途上にある人々の共同体というよりは、すでに到着してしまった人々の共同体なのかという印象を与えることがよくあります。赦し合う共同体というより、厳しく求める共同体になりがちです。世に対して開かれているというより、会員制クラブのようになりがちです。

　しかし私の経験からすると、上記のいずれも、人々が教会の交わりから去るおもな理由ではありません。ほとんどの人は、教会にもはや意味を感じられないからだと言います。これ以上痛烈な批判はないでしょう。つまり、教会は間違いを犯してばかりいるというより、お門違いになってしまったというわけです。もはや人々のかゆいところに手が届かなくなってしまった。もはや人々のニーズとつながっていないのです。

　幅広い層の人々がそのように感じていますが、意外なことに教会のいちばんのお得意様と思われる人々、すなわち中産階級の専門職の人々も同様です。産業界、福祉業界、法曹界、ビジネス業界や学界の荒波にもまれて働

く専門職の人々にしてみれば、教会はおとなしく、内向きで、当たり障りなく、無難なところです。教会はこの現実世界での任務のためにじゅうぶんな手助けをしてくれない、と私は彼(女)らから何度も指摘されました。

職を退いた多くの聖職者とも会ってきました。それぞれ事情は異なり、なかには悲劇的な話もありましたが、どの話にもある共通テーマが含まれていました。「いまのままのやり方では上手く行かない。てこ入れが必要だ。私がやらねばならないが、そうすると今度は人々が真にエンパワーされない」というものです。

この共通テーマの根底には、いくつかの重要な問題があります。最も根本的なのは、自らがリーダー役を担う制度において無力感を味わってきた聖職者たちがいることです。さらなる問題は、すべてを上手くやらねばならないという期待のもとで彼(女)らが働いていることです。不幸なことに、彼(女)らが上手くやるほど燃え尽きや過労に至ってしまいがちですが、そのことによってさらに、教会のなかで信徒がより大事な役割や責任を担うのを妨げてしまうのです。

さて、二点目の応答は歴史的なことです。1960年代、70年代に起こった教会刷新運動のほとんどがすでに勢いを失っています。社会正義運動、共同体運動、カリスマ派刷新運動は、いまや硬直化のしるしを帯びています。

しかしそれはさほど驚くべきことではないでしょう。マックス・ヴェーバー以来の社会学者たちが研究を積み重ねた結果、変革の期間はすぐ硬直化へと移行することが証明されています。革命家の後に官僚がやってくるのは周知の歴史的教訓です。

当時のオルタナティブなキリスト者共同体は、いまやほとんど生き残っていません。残ったものの多くは、いまや自らの伝統にしっかり導かれ、もはや創造的でなくなっています。

カリスマ派刷新運動の多くに起こったことが、形式化の好例です。ペンテ

コステ派の日曜礼拝に定期的に出席してみれば、なりゆき任せな雰囲気の第一印象が間違いだったことに気づくでしょう。礼拝は実際、かなり定型化しています。

これらのグループは、いまや自らを変革する必要があります。さもなくば、創造的で最先端を行っているという主張は信憑性（しんぴょうせい）に欠けるでしょう。

自分たちの草創期に立ち返るべきだという声もたまにありますが、それも見当はずれです。そんな時期は取り戻せません。前へ進むことや新しい未来を恐がる人々の夢のなかでは別かもしれませんが……。

これ以上の変革は必要ないという人々への三点目の応答として、キリスト教二千年紀最後の10年におけるイデオロギーの変化について述べます。世界的な政治変動が起こっており、また哲学、社会科学各分野でも価値の見直しが起こっています。それらをとらえる鍵となるのが、イデオロギーを超えていく動きです。旧体制はもはや上手く行かない、旧いイデオロギーももはや信じられない、と見られています。

こうしたことは共産主義政治体制の大崩壊に見られますが、その何十年も前に、共産主義イデオロギーの屋台骨は瓦解していました。

こうした伝統的イデオロギー諸体系の崩壊を肌で感じるのは、福祉の分野においてです。人々はいまや既存の医療モデルのさまざまな側面に疑問を抱き、自分たちの身体になされていることについて、より強い発言権を持とうとしています。医療従事者の知恵に対する全幅の信頼は、急速に失われつつあります。私たちは生活のさまざまな領域で、専門家からの恩恵ばかりでなく、独裁も被ってきました。私たちは自らの生活をつかさどる力がもっと欲しいのです。より大きな個人的責任の時代がやってきました。

自分たちの生活をつかさどる力がもっと欲しいという問題こそ、現代の教会に求められている変革の核心を占めています。したがって、それが本書の核心にもなります。

高度にテクノロジー化し政治化した現代世界において、一般人(レイパーソン)の役割は事実上否定されてきました。専門家が私たちの生活を支配してきました。彼(女)らは、私たちの精神までも統制しています。宗教の専門家はより強力な統制を働かせます。永遠の問題を扱うからです。教会において求められる最大の変革とは、人々が自らの霊的成長と教会のあり方により大きな責任を持つようになることです。

　それが本書の肯定的な要点です。教会の弱点を否定的に突くことに興味はありません。本書はなぜ変革が必要かを論じ、人々がエンパワーされる道を探ります。

　現代世界を海にたとえれば、そこには激しい風が吹いています。教会の歴史では、そのような風が吹くとき、人々はたいてい舟のハッチを閉めてデッキの下にうずくまり、必死にこう祈りました。「嵐が過ぎ去り、濡れずに暖かく無事でいられますように」。

　しかし今回の嵐は過ぎ去らないでしょう。その嵐に唯一の対処法があるとすれば、それは嵐に先駆けて舟を走らせることだ、という確信から本書は書かれました。そうすれば私たちはすぐに、イエスがすでに私たちに先駆けて、突風のただなかで水の上を歩いておられるのを見い出し、驚くことでしょう。イエスはそこで、その昔ガリラヤ湖の上でペテロに呼びかけたように、水の淵を越えて自分のところに来るようにと呼びかけておられます。

　教会は同じままではありえず、そうあることはないでしょう。本書は、その教会の行方を見定める冒険を進めていきます。

注

(1) エリック・ジェイ『教会——2000年にわたるそのイメージの変遷』(未邦訳、Eric Jay, *The Church: Its Changing Image Through Twenty Centuries*, SPCK, 1977) を読めば、教会の長い旅路には大きな変革の動きがあったことが分かる。

(2) ウィラード・M・スワートリー『奴隷、安息日、女性——聖書解釈における難題』、未邦訳、Willard M. Swartley, *Slavery, Sabbath, War, and Women: Case Issues in Biblical Interpretation*, Herald, 1983.

第1章　変革をめぐる私の旅路
道しるべが指し示してきたこと

　私自身の教会経験を語るより教会のための考察や戦略を論じるほうが、やりやすくはあります。ここで私自身の話をすることにはためらいがあります。各人の教会経験はじつにさまざまで、それがどこまで役に立つのかと疑問に思うところもあるからです。

　ならば私の個人的な話などここに差し挟む必要もないでしょうか。私が聞いた他の人々の話を織り込んだほうがよいのではないでしょうか。あるいはそもそも、本書の大部分を占める教会に関する神学的・社会学的考察に話を絞ったほうがよいでしょうか。

　私にとってはそのほうがはるかにやりやすいのですが、それでは議論と実践の整合性に欠けることになるでしょう。というのも、本書は単に神学的・社会学的考察から書かれたわけではなく、私の経験から生まれたものでもあります。私自身の長く、痛みを伴うことの多い旅路に負うところが大きいのです。その旅路の意味を理解することを助けてくれたのが、神学と社会学でした。

　そんなわけでこの章を含めることにしましたが、但し書きがいくつかあります。まず、長々とした伝記的なものではなく手短にし、私の人生の重要な道しるべについてだけ触れます。それから、特定の教会や教派を否定的に言うことは私の意図ではなく、また意味のないことです。そのため話のある部分は一般化し、それらのグループが安易に特定されないようにしました。

■ 幼いころの教会の記憶 ■

　私は幼児洗礼を受け、母の胸に抱かれるように教会で養われました。10代になるまで、教会に行くのは学校に行くのやサッカーをするのと同じくらい当たり前のことでした。それは日常生活の一部であり、家族と一緒に聖書を読むことも祈ることも同様でした。

　しかしそれは当たり前だっただけに、まったくもって平凡なものでした。講壇横に明るく輝く立派なクリスマスツリー、床から天井までそびえるオルガンから鳴り響く力強い調べ、それらの記憶はたしかにあります。しかしそれらよりも記憶に残っているのは、黒服を着た男たちから発せられる意味不明な説教の響きです。教会にいる間は、礼拝が終わって外に出たら何をしようかということばかり考えていました。なかでも献金箱に入れなかったお金をどう使うかが中心的課題でした。代わりに入れたボタンやペパーミントを執事たちがどうしたかも気になりました。

　そんな幼少時代、神を身近に感じたことはとくにありませんでした。ましてや自分が清いとか他の人とは違うなどと感じたことはまったくありませんでした。聖書の話に特別感動することもとくになければ、イエスに倣うことなど頭をかすめもしませんでした。何らかの影響を受けたものと言えば、友だちの家にあったブリューゲル風な絵くらいでした。永遠のいのちへ続く狭い道を行く人々と滅びへ続く広い道を行く人々を描いたものでした。まさに地獄絵図で、私の敏感な魂に恐怖を呼び起こしたものです。

　幼少時代の日常の出来事は鮮明に覚えています。校庭でけんかしたこと、用水路で溺れかけた兄、屠殺場で解体される馬、納屋にわらを積んだこと、アイススケートをしたこと、わくわくする街の広場の水曜市場。こうしたイメージは尽きず、力強く残っています。教会でのイメージは味気ないものでした。

　戦後の荒廃したオランダのジメジメした海沿いの町から〈聖霊の地オースト

ラリア〉という明るい亜熱帯の地に移っても、それは変わりませんでした。私の教会経験に、霊的光明は射し込みませんでした。10代半ばで教会から落ちこぼれた人は多くいましたが、私は留まりました。でも自分がキリスト者でないことは自覚していました。私は神経験からまったく離れていました。

　私は社交的で活発でしたが、内省的でもありました。魂の遍歴を何年か経ましたが、むだでした。ひどく曲がりくねった私の問いに対する答えは得られませんでした。そのようにして私は、最初の根本的な教訓を体得しました。「信仰の母なる教会は私を助けてくれなかった」。

■ 回心、信仰の養い、キリスト者としての働きの始まり ■

　キリストを信じるようになったのは、自分の育った教会の外でした。悲しいことに教会は私の霊的経験を快く思わず、そんなものは扇情的な伝道のせいだと片づけました。私は教会に留まりましたが、信仰は別のところで養われました。働いていた街のいろいろなところから集まった、いろいろな教派の人々と開いていた昼休みの聖書研究と祈りのときに励まされ、成長の機会をもらいました。このことで私はさらなる二つの教訓を体得しました。教会は自分の属する教派よりもっと大きいということ、そしてインフォーマルな形の霊的養いと労り合いは公式の教団教派から提供されるものと同じくらい有効だということです。

　公式な教会組織外での教会は、その後も違う形で経験しました。一つは、オーストラリア先住民のアボリジニたちと一緒に働いたとき、もう一つは、私の最初の牧会経験です。

　回心を経験した私は、フルタイムのミニストリーに関わりたいと願うようになりました。その最初の機会は、それから数年後に与えられた宣教師の仕事でした。そこで私は奇妙な教会の慣習を経験しました。アボリジニたちは、すべ

てが上手く行っているときには喜んで教会に来ましたが、個人的な問題があるときにはこぞって教会から距離を置きました。ギャンブルや酒盛りをしたとき、教会はすっかり空っぽになりました。悲しいかな、彼(女)らにとって教会のイメージは十中八九、「善い」人だけが行くところでした。裏返せば、教会は「罪人」のままでは行けないところでした。逆に、だからこそ牧会がしやすいところもありました。何が起こっているか、いつも把握できたからです。

しかしながらそのことは、形の上での教会通いが彼(女)らの日常生活を反映していないことを証明していました。そうして、「本当」の教会はたいていインフォーマルな形で出現しました。夜に焚き火を囲み、カンガルーのしっぽとダンパー〔焚き火でつくるパン〕を食べているとき、そこが本当の教会になりました。全家族が羊毛の刈り取りや収穫などの季節労働に合わせて辺境へ移動するときには、私たちも一緒に移動しました。

星降る夜の天蓋の下、ディンゴの遠吠えが聞こえ、彼方の砂漠から流れてきた冷気に包まれながら、私たちは信仰の歌をうたい、祈り、聖書に聴き、毛布にくるまり肩寄せ合い、ぜんぜん暖をとれない火鉢を囲みました。そこにいない人はいませんでした。そこでは仕事と信仰の出会いがありました。そこで私たちは創造主にして贖い主なる神を礼拝したのでした。

もう一つの経験は、その数年後に神学校での訓練を終えたのち、オーストラリアの奥地で最初に牧会したときのことです。私と妻は、やるべきことは全部やってみました。訪問牧会、時宜に適った説教、そして子どもたちのためのミニストリー……。しかし人々を燃え立たせたのは、そのどれでもありませんでした。教会とまったくつながりのない人々も含めいろいろなタイプの人々を惹きつけたのは、自宅を開放してのディスカッションと聖書研究の夕べでした。

人々は、ヘンリ・ナウエンが「安心できる場所」とのちに呼んだところを探しているようでした。パチパチと音のする薪ストーブのある部屋で、たっぷり用意したコーヒーとケーキを楽しみながら、歓迎的でオープンな雰囲気に包

まれて、人々は気兼ねなく自分自身の葛藤や喜びを分かち合い、それらを聖書とつなげて語り、また祈りに浴しました。これが女性サークルの話ならイメージしやすいですが、その輪にはフェンス業者や農家など、頑固な「土方」の男性陣も喜んで参加したのでした。

■ 教会を実験する ■

それからほどなくして、私は出身教会に別れを告げることになりました。私は霊的刷新を経験し、成人洗礼を受けるべきと感じたのですが、その願いはその教会に受け入れてもらえず、話し合いと慎重な検討を経ても結果は同じでした。

この聖霊経験はペンテコステ派やカリスマ派のそれとも異なっていたので、いまや私は教会ホームレスとなりました。このことで私は怒りを覚えるよりは途方に暮れ、落胆するよりは楽観的でした。異なる教会のあり方を探求する機会になったからでしょうか。教会歴もぼろぼろになったことで、新しい何かが、この疎外の経験から生まれようとしていたからでしょうか。

それからの年月は決して平坦なものでなく、練りに練った計画などあるはずもなく、経験則を頼りにした旅路でした。その旅路を省みるときに、重要なことがいくつか浮き彫りになります。第一に、私たちの信仰はキリスト者の友との交わりをとおして支えられました。教会よりも家が、聖書研究と祈りの場でした。第二に、疎外経験によって私たちは、使命と証しのために世に送り込まれました。私は路上で働きを始めましたが、それはのちにオーストラリアにおける「ティーンチャレンジ」〔10代の路上生活者、薬物依存者への支援団体〕の働きの設立につながりました。第三に、私たちは教会史を読み直し、世における神の民としての、オルタナティブなあり方を見い出そうとしました。私たちは再洗礼派やモラヴィア兄弟団について夢中で読み、ほぼ全教会史をとおして

主流派の傍流に、もっとラディカルな教会の系譜が途切れ途切れながらも存在してきたことを発見しました。もしドナルド・ダーンバウの『信徒の教会』(1)が当時私たちの手中にあれば、その探求と研究の多くは省けたことでしょう。

このように過去を顧みることと、過去の伝統を再現しようとすることは、別のものです。この試みはむしろ、これからの可能性のための希望とインスピレーションを得ようとするものでした。

友情の大切さ、世における使命のリアリティ、そして幅広い教会の伝統を受け入れる姿勢——これら三つのテーマは、そのときから現在に至るまで、私たちが追い求めてきたことをほぼすべて特徴づけています。

あえて旅路という言葉でこのプロセスを表現してみました。自分たちの旅路を顧みるに、いつかゴールにたどり着くだろうと本気で考えたことはなかったと思います。ユートピアなど夢見ていませんでした。完全な教会なるものを発見し、ましてやそれを生み出そうなどとも思っていませんでした。ジャック・エリュールの著作に倣って言えば、私たちは正しい教会のモデルを見つけることにかなり懐疑的でした。最良の制度を生み出しえたとしても、やがて覆される必要は出てきます。最初の目的から離れていってしまうからです。私たちは、どんな類いの共同体形成にも遅れをとるまいと必死でしたが、どれか特定の体制に信頼を置くことはありませんでした。

私たちのなかには、スイスの「ラブリ」で過ごした人もいれば、米国のジョージア州にあるの「コイノニアファーム」に行った人、ドイツのダムシュタットにある「マリア姉妹会」を訪れた人、家の教会運動の渦中に身を置いた人、オーストラリアのキリスト者共同体で財産共有の生活実験を間近で観察した人、カトリックのカリスマ的契約共同体の展開を追求した人などがいました。

これらのキリスト者共同体の素晴らしい実験から、私たちは多くを学びました。しかし私たちはこれらのモデルのどれかを選ぶよりは、もっとシンプルな道を歩むようになり、共同体という体制よりは、友情に重きを置くようにしまし

た。私たちの見るところ、イエスは制度よりも友の交わりを形づくり、パウロの家の教会も、特定の形の体制よりも愛し労る関係を前提としていたようでした。私たちはのちにこれらのテーマが、エミール・ブルンナーの物議を醸した著作『教会の誤解』(2)にあることを知りました。

　そういうわけで、この 25 年間、私たちの教会のあり方はいろいろ変わりました。しかしそのなかで築かれた友情の多くは変わらずにあります。それらの変遷のなかには拡大家族、クラスターハウジング〔意図して近所に住むこと〕、ごく初期に少し試した家の教会も含まれています。ただ、主要なやり方は共通していました。小グループで相互ケアをし、成長を励まし合うやり方です。メンバーは 1 年ほど経ったら入れ替わります。毎日曜日の午後、まとまった時間を共に過ごし、たいてい賛美、祈り、分かち合い、聖餐、学びまたは説教、食事を共にします。

　ここ数年での大きな体制的変化として、共同長老制（男女を問わず）のリーダーシップモデルから離れ、当番制のコーディネーターモデルに移る動きがありました。これは、共同体の全員がものごとの決め方や共同生活の維持のために決定的であり肝心な存在だ、ということです。長老制モデルはリーダーシップに過重な責任を負わせ、長老たちに答えを求めることを促し、人々が自ら責任を負うことを妨げてしまいます。

　ミニストリーに重きを置くことは、この旅路に不可欠な要素でした。旅路の大半を、薬物依存者、売春婦たち、ホームレスの青少年たちへのミニストリーに費やしました。幅広いミニストリーが発展しましたが、それらには共通するあるテーマがありました。それは、長期的な助けを求める人々を労り、弟子とする治療的なキリスト者共同体の形成でした。

　こうした小規模なケア共同体がまず、「ティーンチャレンジ・ブリスベン」という組織のなかにつくられました。それらはのちに、拡大家族、牧会ケアグループ、そして日曜日の「ジュビリーフェローシップ」（ティーンチャレンジのミニス

トリー活動がきっかけで生まれた）の交わりで補われました。これによって青少年たちはティーンチャレンジを卒業し、そしてティーンチャレンジの元スタッフが、彼（女）らのその後の課題に対処することでつながりを保ちました。

ティーン・チャレンジのスタッフの多くはジュビリーフェローシップにも関わり、共通の旅路を歩みました。しかし10年たって、ティーンチャレンジはより組織的な形に成長し、ジュビリーフェローシップとの関係は弱まりました。

■ この話についての省察 ■

　以上の話の実際は、もっと複雑で、繊細な表現を要するものです。とはいえ大事な特徴はそこに現れています。キリストにある兄弟姉妹であるとは、単なる霊的現実以上のものです。そこには、生活を共に分かち合うことが含まれます。そしてそうした分かち合いは、自分自身、時間、そして資源を自発的にささげることを伴います。同じ世帯に住むにせよ、隣に住むにせよ、同じケアグループで定期的に会うにせよ、共同体へのコミットメントが求められている点では同じです。

　さらに言えば、キリスト者共同体は世からの逃避ではなく、活発な社会参与のための基盤です。問題を抱えた若者を対象にしているとか、難民の支援だとか、職場にいる人々を励ますだとか、そのミニストリーがどのような形をとるにせよ、共同体はそのような関わりを生み出す基礎を形成します。共同体とは、キリストにあって友だち同士であることであり、それはさらに私たちが世にあってキリストの働きを続けるためのものです。

　これまで述べてきた私の話が、あなたの属する教会をどこかしら連想させるか、それともぜんぜん違うものかは分かりません。いずれにせよ強調したいのは、この私たちのグループが制度的教会と違い、建物もなく、有給の聖職者もおらず、献金のほとんどは、それ以外のことにささげられることです。そして

教会であるための特定の形式や体制よりも、キリストにある友情を祝い、共なる生活を整える上での柔軟性を保っていることです。
　変革がこれまでそのあり方の肝心な部分であり、願わくはこれからもそうであり続けるでしょう。その点でこのグループは制度的教会と違うのです。

注

(1) 未邦訳、Donald Durnbaugh, *The Believer's Church*, Macmillan, 1968.
(2) エミール・ブルンナー『教会の誤解』、酒枝義旗訳、待晨堂、1955年。

第2章　変革の政治学
何が変革をそこまで難しくするのか

　前章に記した個人的な旅路のなかで、理想の教会を描くことはしませんでした。その代わり、私たちのグループが疎外の経験によっていろいろな教会のあり方を模索していった経緯を示そうとしました。いまになって思えば、その旅は制度的教会のリーダーたちや教会員たちにはなかなかできない贅沢でした。制度的教会は継続性に重きを置きます。私たちは実験性に焦点を当てていました。

　とはいえ、こうした議論にしばしば見られるお決まりの二分法がここで当てはまるとは思いません。たとえば、「スモール・イズ・ビューティフル」とは限りませんし、大教会だけがあらゆる問題を抱えているとも思いません。小グループも多くの問題を抱えうるだけでなく、非常に権威主義的で硬直したものにもなります。

　共同体と制度を対比しようとも思いませんが、教会は制度よりも共同体の諸特徴を帯びるべきだとは強く信じています。しかし、共同体も極度に制度化されうることはご存じのとおりです。米国ペンシルベニア州のアーミシュや修道制の歴史を見ても、それは明らかです。

　私がここまでで示そうとしてきたのは、キリスト者のグループは、ミニストリーの焦点、メンバーの構成とニーズ、置かれている状況の変化に応じて、さまざまな教会のあり方を採り入れればよい、ということでした。そもそも新約聖書も唯一の教会のあり方など提供してはいません。エルサレム教会の共同体主義は、パウロの家の教会とまったく同じだったわけではありませんし、この

両教会は牧会書簡に描かれた教会ともまた異なっています。このように変革は可能であり、達成可能である、とも強調してきたつもりです。

さらに言えば、変革は望ましいことです。しかし制度的教会にとって変革は、残念ながら荷の重い脅威となります。本章では、何が変革をそれほどまで難しくするのかをまず探ります。

■ 教会の権威と権力は真の変革によって脅かされる ■

教会は徐々に変わるということ、ここ10年間の教会と前世紀の教会は違うということに、うなずく人は多いでしょう。ミサはラテン語でなく自国語で執り行なわれますし、福音派の教会はずいぶん「明るく楽しい」ところになりました。

これらやその他もろもろの変革は、重要であり歓迎すべきことです。しかしそれらは根本的なものではありません。教会の基本的なあり方は、そのまま存続しています。宗教システムが自己正統化の偉大な才能を持つため、また制度が何より自己保身の衝動に従って運営されるためです。

変革がいかに難しいものかを思い知らされるのは、体制のより基本的な部分が問われるときです。そのとき、私たちは変革の政治学の領域に足を踏み入れます。変革は、真理について話しているだけでは起こりません。何が最善かについてただ話していればよいのでもありません。それよりはるかにややこしいものです。変革は政治に関わることでもあります。そして教会政治とは、権力、特権、地位、継続性についての話なのです。

教会において変革がどのように起こるか、あるいはどのように抵抗を受けるかについて、私たちは暢気に構えているわけにいきません。変革とは、私たちと他の人々を動かして、正真正銘の神の民として世に生きるよう励ますことです。しかし実際はそうでなく、変革はしばしばパワーゲームであり、そこでは伝統が妥当性を勝ち取り、現体制が新しい可能性を阻みます。

教会変革の難しさが「寝耳に水」であってはなりません。というのも、教会はどこまでも人間の顔をしていますし、人間のありとあらゆる弱点を持っているからです。教会は神のアイディアですが、人間の制度の一つでもあります。そして人間の制度は、たびたび道を誤ります。制度は徐々に自己保身的な営みと独自の文化を発展させます。制度は抵抗しがたく変革しがたい強力な伝統、ヒエラルキー、専門家、資源、正統性を発展させます。さらに深刻なことに、制度はしばしば自ら定めた目標や目的を実現できなかったり、仕えるべき人に仕えなくなったりします。しかしいちばん困るのは、制度が顧客に自らを喧伝し、その弱さにつけこんで生活を統制し、そのようにして依存関係を創り出すことです。

　教会の制度的性質についてもっと納得のいく説明が欲しいけれど、神学や社会学は苦手という人は、モーリス・ウェストが書いたとても面白い物語『ラザロ』[1]を読んでみてください。教会が重くのしかかってくる制度であることに疑いの余地はなくなるでしょう。

　こう言うと、制度はすべて悪い、それ以外の共同の形ならすべて良いかのようですが、そうではありません。社会学的には、カルトあるいはセクトと制度とは区別されるでしょうが、これまで挙げた制度の問題を、カルトなら経験しないということにはなりません。カルトもまた人々の生活を統制し、依存関係を創り出します。そしてたいていは、制度よりもはるかにそうした傾向があるでしょう。ここで肝心な点は、私たちはカルトならこういうことをするだろうと期待し、警戒しますが、制度ならカルトのようではないはずだ、と無防備になることです。

　多くの制度もオープンでなく柔軟でないのですが、ただそれがとても見えにくいだけのことです。それは伝統的教会にも当てはまることでしょう。

■教会員は新しい発想を模索することに不安を覚える■

　変革の政治学の領域に入るに当たって、まず認識すべきことがあります。大半の変革の勢いは、すぐに消えてしまいます。それは変革の担い手となるはずの「普通の」教会員が、自分で考え感じていることを正当だと思っていないためです。そういう人は変革を考えるときすぐ、「私は牧師でないから」とか、「神学校で学んでいないので資格がない」と考えがちです。

　こうした自己否定はたいてい悪化していきます。多くの教会が、メンバーの関心事や新しい発想を正当なものとして、安心して表明し模索できるような機会を設けていないためです。日曜礼拝は賛美と教えと徳育のため、牧会ケアグループは祈りと相互ケアと支援のため、年次総会はリーダーたちの業績報告のため、と決まっていて、オープンに問い合い論じ合う場はたいていどこにもありません。またそのどれにおいても、「一般信徒（レイパーソン）」は教会のあり方と方向性を打ち出す将来計画に貢献するよう招かれていません。

　安心できる場とは、信頼がある場です。そこは誰の声も尊重される場です。だからといって、誰の意見でも必ず実行に移される、あるいは移されるべきだということではありません。安心できる場は必ず、祈り、慎重な見極め、優先順位の戦略的決定を必要とします。

　あなたはいつでも教区司祭、牧師、長老、共同体のリーダーのところに行き、関心事や新しい発想を伝えることができます。しかしそうしてばかりいるとすぐに、難しい人、やっかい者の烙印を押されてしまうでしょう。でなければ、主導権を握りたがっていると見られるでしょう。もしさらに一歩踏み込んだ行動に出て、あなたの関心事や発想に関して他の人を動員しようものなら、教会を壊し、神が任命したリーダーに背く者と見られることになるでしょう。

　教会でこのような難題が持ち上がると、リーダー側は防備を固め、統制を

さらに強めようとします。しかしこのような状況は、自由な討議と幅広い参加の仕組みを創れば避けられることが多いはずです。

　だからといって、万年不平を口にしている人、つまり他の人と協力できない人や、自分のことを棚上げして他人がすべて悪いとする人を正当化するつもりはありません。教会の人々が正当に安心して語り合える場を創る必要がある、ということです。彼（女）らが新しい発想を模索し、関心事を話題に挙げ、求める変革に責任を負って協働できる場です。こうしたプロセスは、一見面倒かもしれませんが、むしろ人々の持つ資質を引き出し、人々がその結果に対して共同責任を負うことを促します。

　こうした安心できる場所づくりはとくに難しい、と言う人もいます。神の下で自分たちだけが信徒を率い、導くべきだと思っているからです。信徒は教会のあり方と方向性を決めるべきでない、と考えています。信徒の役目は教会のあり方を享受し、それを支えることにあるというわけです。こうしたことはたいてい、一つの神学的問題として描かれます。これこそ正しいあり方だ、聖書が描くリーダーシップの性質だ、と主張するのです。

　しかし、そこにはたいてい他の要因もあります。権力の問題が絡むだけでなく、専門化の問題も一役買っています。聖職者は宗教的サービスを提供する訓練を受けています。そのため自らを教会のファシリテーター〔人々の主体性を引き出してまとめていく役〕やトレーナー〔人々を訓練し、整える役〕として見ていません。

　信徒の参与に信頼する聖職者もいます。信徒は教会の諸委員会で活動します。礼拝での役割もあります。教会関連のさまざまな活動やプログラムに参加します。特定の分野で大きな責任すら担う場合もあるでしょう。しかし、信徒は教会の全体像を決定づけることに参与できません。つまり、そこには真の権力共有がありません。信徒の関わりが喜ばれるのは、組織に仕え、あらかじめ決められた目標に即している限りにおいてです。

　聖職者のなかには、教会のあり方と方向性を決めることに信徒が参与し、

その結果の共同責任を負うべきだという発想に苦笑し、取り合わない人もいるでしょう。「彼（女）らはそんな責任を負いたくないですよ」と指摘するかもしれません。「信徒が教会に来るのは、霊的に励まされ、養われるためです。そんな荷の重い課題を担う時間も意欲もないでしょう」。そして、嘲笑的にこう言うかもしれません。「だけど教会の重荷を引っぱってくれる人があと2、3人いてくれるといいんですが。ときどき自分はスピリチュアル版ガソリンスタンドを経営しているんではないかと思うことがあります。『満タン！整備完了！』って具合にね。そうやって見送ったきり、お客は戻ってこない」。

　このような意見は的を射ています。しかし、聖職者たち自身が、こうしたスーパーマーケット型キリスト教を創り出すことに関わってきました。「ブレス・ミー（私に祝福を）」という福音の説教ではなく、献身と責任へと導かれる恵みと自由の福音を生き、伝えるほうが良かったはずです。

　しかしこのような意見は、ひどく的外れでもあります。聖職者たちの多くは、彼（女）らの重荷を背負ってくれる信徒を求めているでしょうが、しかしそれは、現体制が上手く回るために手伝ってくれる限りにおいてです。信徒が教会の変革の担い手になれば、聖職者たちの笑顔は曇るでしょう。

■ 多くの人が変革の性質を誤解し、落胆する ■

　教会に安心して話し合える場がないことより、はるかに大きな問題があります。すなわち、変革について話し合い計画する場、聖職者と信徒の間でもっと権力を共有する場がないこと以上の問題があります。システムは変革の勢いを採り込むことがありますが、それによって大きな変革が起こらないままにしてしまうことがあります。どんな社会システムや制度も、ある程度の異議申し立てに対処する内的仕組みを持っているからです。その好例が、いくつかの教派で起こった女性への按手礼の動きです。

この動きは果てしない議論と激しい政治活動を引き起こしました。その運動は、聖職における男性支配を問いはしましたが、按手礼自体についての根本的な問いまでは提起しませんでした。女性の役割を含めるために体制を拡大する試みはなされましたが、基本的体制は変わらず、永続化しています。事実、まさにそのプロセスによって、この体制はさらに強化され正当化されています。より具体的に言えば、女性たちは按手礼を受けたのち、男性たちによって予め決められた役割を、教会の働きのなかで演じねばならなくなりました。

　根本的なシステムを変革する取り組みに失敗すると、ただそのシステムを再強化にすることになります。さらに変革の取り込みが見えにくい形で起こった教会では、女性たちは牧師として認められても、真のリーダーシップはいまだに男性たちによって発揮されています。

　女性按手問題のような変革が、なぜものごとを根本的に変えないのか。それを理解できないがゆえに、落胆する人は多いでしょう。本当の変革は誰からも理解されるもので、その戦略も単純だと彼（女）らは思っています。ことが思うように行かず、彼（女）らの発想もそれほど理解が得られない場合、そのような理想主義的な人々はすぐ反動的になり、反抗的になります。「もし変革が実現しないなら、私はこの教会を去らざるをえない」といった発言をよく耳にすることでしょう。

　そうした反動的なアプローチは、次のように言う聖職者と同じく妥協的です。「私たちの教会は聖書に基づいて活動しています。神がこの教会を率いて監督する唯一の権威を、私たちにお与えになりました」。どちらのアプローチともじゅうぶんではありません。一方は変革実現の戦略に欠け、もう一方は変革に抗っています。

　変革が起こるためには、いくつかのプロセスが導入されねばなりません。大雑把に言えば、対立よりも対話が、決裂よりも結託が起こったほうが良い、ということです。より具体的に言えば、変革が起こりやすくなるのは、リーダー

層と人々が協力して動き、共通の目標が見定められるときです。しかし重大な変革が起こるには、さらに広範な社会システムにおける運動が必須です。つまり、変革が各個教会レベルだけで試みられても、教派レベルにまでそれが及ばなければ、その変革は短命に終わるかもしれない、ということです。

制度的教会は残念ながら、変革を歓迎しません。そうした消極的姿勢ゆえに、教会に「底辺層」が生まれました。この「底辺層」は、教会には来るものの、本当はそこにいたくない人々です。彼（女）らは習慣や罪悪感から教会に来ますが、苛つき、疎外感を覚え、教会にじゅうぶん参与はしません。教会の強硬路線はまた、「周辺層」を生み出す要因ともなってきました。人々が教会を去るにはたくさんの理由がありますが、教会の頑なさや権威主義に関わる問題がそれらの背後にある要因だと言えます。

教会に通っていた人々の多くが宗教難民になることが増えてきています。彼（女）らは、キリスト教界をさまよう放浪者となりました。このような人々は、やり直すエネルギーもなくなり、幻滅し苦々しくなっています。

とはいえこうした疎外は、いつも制度の側だけに非があるから起こるのでもありません。制度も、また懸念を抱いた当事者も、適切なプロセス、すなわち聞き、対話し、内省し、祈り、変革へと至る協働戦略を立てるというプロセスを踏めなかったのかもしれません。

そのような戦略に成功の望みを託すには、さらにいくつかの発想とプロセスが導入されねばなりません。最も根本的な発想は、人々が発言権を持たねばならない、ということです。信徒として共に生きる生活をどう組み立て、分かち合うべきかについて自由に語られねばなりません。最も基本的なプロセスは、リーダーを含め誰か一人の個人が、グループにとって何が最善かを決める権限を持たないようにすることです。何が最善かは、祈りのうちに、また共同的に見極められねばなりません。

■貢献できる人々の多くが教会に愛想を尽かしてしまった■

　1990年代前半、変革が起こらず苛立った人々が、みな教会を去ってしまうというパターンがありました。それは極めて否定的で非生産的なことでした。このパターンはたいてい、精神的な傷つきや苦々しさも伴うものでした。人々が去ったことは大きな力の損失で、一刻も早く取り戻す必要があります。やり直すために励まされる必要があります。ただし、これまでの条件に則ってではなく、です。

　そうした去り方のパターンは、1960年代、70年代にあった変革の勢いとは際立った対照をなしています。当時の変革には、教会を去ることではなく、それに代わるものを生み出す特徴がありました。そこには実験の余地があり、新しい教会のパターンを発展させることに開かれていました。カリスマ派刷新運動の多くは、そうした考えに基づいて展開され、新しい教会がそこここで生まれました。キリスト者のさまざまなグループが、オルタナティブな共同体の実験に乗り出しました。当時は、特殊化したミニストリーも多く現れました。

　これらの新しい教会の多くは、残念ながら狭すぎる変革の概念のもとに建てられました。新しい礼拝形式、新しい聖霊経験が、新しいグループの基礎を形づくりました。しかしそれ以外は伝統的教会の象徴がほぼすべて、新しいグループに引き継がれました。ときにそれらの伝統的象徴は新しい極端へと押し上げられ、これらのグループのリーダーたちはとても権威主義的になりました。

　これらのオルタナティブな教会を総評すれば、その多くは伝統的教会と同じように体制化し、形式化し、リーダー主導型になりました。これらの試みは、前進の道を示しませんでした。変革はありましたが、ラディカルさが足りませ

んでした。旧態がすぐ再現され、ときとしてそれ以上に強い巻き返しがありました。いまや人々が教会のなかで身動きがとれずにいるか、教会を去ってしまって、何か新しいことを試みようとしないのも不思議ではありません。何か違うことをしようという、それまでの試みがあまり魅力的に見えないのです。

それでも、キリスト者共同体や家の教会といったいくつかの試みが勇敢に旅路を歩んできたこと、そして希望の道しるべであり続けていることは否定しようがありません。また、キリスト教基礎共同体の実験という新芽がアスファルトの裂け目に生え出でていることも、これまでの議論は見落としていません。

しかしこれらの変革は、概して制度的教会を手つかずのまま残しています。その聖なる壁の内側に、変革の呼び声は聞こえません。そのいちばん根本的な理由の一つに、私たちが全世代のキリスト者を甘やかしてきたことがあります。すべてを約束しながら最後には期待に沿わない、安価な恵みの福音で養われたゆえに、この「ブレス・ミー」世代は道徳的支柱を持っていません。多くを期待しながら自分からは少しも与えず、変革のために働く勇気もヴィジョンもありません。

悲しいかな、こうして私たちはタイムワープのなかに取り残されてしまいました。1970年代のラディカルなキリスト者たちは1980年代、90年代前半の若者たちに影響を与えられませんでした。保守派は、「ブレス・ミー」街宣車から車輪が外れ始めても、その幻滅に歯止めをかけられませんでした。教会に貢献できる賜物を持っていた人々は、宗教難民として疎外されてしまいました。道理で、現在のキリスト教界の光景は茫漠として先行きも見えないわけです。

これでは、キリスト者たちがますます私的な形の霊性になびいていくのも無理ありません。もはや制度的キリスト教は危険なものと見なされ、肯定的には語られなくなってしまいました。

■ 変革を求めるうねりがない ■

　本章では、変革の必然性を考える前にまず変革の政治学に触れました。それは変革が、単に新しいヴィジョンだけではなく、それにふさわしい戦略に関係することだからです。

　現代社会学の文献には社会で、また組織で、変革がどのように起こるかに関する諸理論が溢れています。そこでは効果的な変革のさまざまな戦略も詳しく説明されています。これらの戦略には少なくとも、開かれた参加型のプロセスが含まれています。それによって、人々が共にあることの理由や自分たちのミッションステートメントを展開できるようにすべきです。そうすることで、自分たちが成し遂げたいことに責任を負うよう人々を巻き込んでいくべきです。

　しかし目下のところ、変革を求める叫び声は聞こえません。自分たちの考えや思いに自信がない人もいます。疎外されてしまっている人もいます。体制に吸収されてしまった人もいます。去ってしまった人もいます。そしてそれ以外の大半の人は身動きがとれずにいます。

　いくつかの教会では、変革の必然性を疑問視する人が多くいます。私たちの教会は数的に成長しているし、神が私たちを祝福し、私たちのゆえにこの地を祝福していることは確かなのだから、と彼(女)らは言うでしょう。しかしひび割れが、こうした類いの勝利主義にすでに現れ始めています。そして、そうした教会の聖職者たちの一部は、数が必ずしも献身につながらないこと、祝福が必ずしも弟子の道につながらないことに気づいています。

　教会における根本的変革はいまや、必然にして急務なのです。

注

(1) 未邦訳、Morris West, *Lazarus*, St Martin's, 1990.

第3章　変革を求める訴え
教会に何が必要とされているのか

　変革は政治を伴います。別の言い方をすれば、変革には戦略が伴います。大きな変革がただ、自ずと起こることはまれです。とはいえ、変革の政治学を理解すれば、それがそのまま変革の動機になる、というわけでもありません。別のやり方があるべきであり、ありうるという感覚によってこそ人々は奮い立ちます。

　変革に向けて働くことはいつも困難で、ときとして危険な仕事であるため、人々は新しい可能性のヴィジョンによって元気づけられる必要があります。しかしこれらの新しい可能性は、ただのイデオロギー以上のものでなければなりません。偉大な思想でも、身近な生活にとって意味をなさないなら、人々を奮い立たせることはほとんどありません。新しい可能性のヴィジョンは、彼（女）らの目に正当なもの、望ましいものとして映らねばなりません。さらにそれは、人々に共鳴を呼び起こすものでもあるべきです。本章では読者のみなさんにその共鳴を呼び起こしたいと願っています。

　しかし、変革の呼び声は教会の多くの部分でいまだ弱いままです。先に述べたように、教会における女性の問題をめぐる葛藤はみな、教会の制度的性格を強めるばかりでした。私が提唱しようとしている変革は、それよりはるかに根本的でラディカルなものです。

　この呼びかけは、新しい大義、新しい確かさ、新しい教義、新しい宗教経験へ人々を駆り立てるファンファーレではありません。むしろ、夜中に聞こえるシャクシギの不気味な鳴き声のように、人々を不安にさせ、平穏を破る「不

安ファーレ」です。

　新しい大義は要りません。新しいプログラムなど、まったく要りません。まして新しい教派など、この呼びかけが求めるもののひどいパロディでしかありません。私たちはこれまでの教会経験で、あまりに多くの分派化という結末を見てきました。新しい主義のもとに、教会の新しい形式のもとに、そしてときには特定の人物のもとに、新しい集団が形成されてきました。H・リチャード・ニーバーの『アメリカ型キリスト教の社会的起源』(1)を読めば、こうした分派化の本当の理由がその建前とは違うことがすぐに分かるでしょう。建前は、とても敬虔な言葉遣いで演出されています。「本当の」理由は、おそらく社会学的なものでしょう。私がこれから提案したいことは、新しい体制の創造ではなく、旧い体制の変容です。新しいプログラムの呼びかけではなく、新しいプロセスの呼びかけです。

　さて、この悲痛な訴えの核心には何があるでしょうか。「さらなる祈り、さらなる伝道、さらなる献身、さらなる真の共同体、さらなる犠牲的奉仕」、という旧い決まり文句がその答えでないことは確かです。私たちはすでに、こうした類いの訴えでキリスト者の全世代を麻痺させてきました。

　そうした対応が上手く行かないのは、それらが些末なことだからではありません。それらはあくまで結実であって、要求されて出てくるものではないからです。それらは、他のものごとが整って初めて出てくるものです。上手く行くための最も基本的な要素の一つは、人々が決定のプロセスに参加し、人々の側により大きな関与が求められることです。本章では、それ以外の要素として何があるかを、さらにじっくり考えてみたいと思います。

　教会における変革が、いかに必然であり緊急の課題であるかを探る上で、鍵となる三つの領域に焦点を当てます。すなわち、信徒の日常生活、日常の証しと奉仕、霊的成長です。いずれも教会が信徒を失望させてきた領域です。これらの領域は、教会のあり方を見せる三つの窓のようなものです。それらは、

その内側の様子を見せてくれるもので、なぜ変革の時が熟したかをはっきりあらわしてくれます。

■ 日常生活の課題がもっと共有される必要がある ■

　教会で起こることのほとんどは、教会員の日常生活に呼応していません。みことば、聖礼典、賛美、祈りという「聖なる」現実が、私たちの日常生活に啓示を与えるのだという考え方は一理あるでしょう。しかしそれは、あくまでそれらの現実が実生活に適用されるとき、「聖」と「俗」とが相交わるときにのみ起こることです。

　このかなり素っ気ないまとめ方について説明します。たとえば意味ある説教、聖書の教えは、教会員にとって日々の生活に方向性、知恵、希望を与えるという影響力があります。（とはいえ、日曜礼拝のたった一度の説教で多様な会衆に対してそのような影響力を与えるのはそうとう難しい、ということは認識されるべきでしょう。そこには失業中の若者もいれば、働き盛りの専門職、高齢者たちもいるわけですから。特定のグループとその必要に、より具体的に照準を絞ったほうが、その意味が深まることは論を待ちません。）

　しかし、それよりはるかに根本的なことが認識される必要があります。教会という世界は、その体制、伝統、教理、礼拝、聖職者たち共々、一般信徒の住む世界ではありません。この二つの世界はとても異なっています。一方は「聖なる」世界で、神についての確かさに満ち、恵みと祝福が施されるところです。もう一方の私の住む世界は、不確かさ、変化、葛藤に満ちた世界です。そこはしばしば神を疑う世界であり、祝福もないように見えることの多いところです。

　俗世に神はおらず、教会にだけいると言いたいのではありません。世において神の善さは、いつも予想外の驚きだ、ということです。教会において、

神の善さは保証されたものになっています。この二つの世界は、ぶつかり合うことがしばしばです。それどころか、この二つの世界は交わりさえしないことがしばしばです。さらにややこしいことに、一般信徒の世界は決して単一の世界ではありません。たとえ同じ教会に通っていたとしても、失業中の10代の若者の世界が、ビジネスパーソンの世界と同じということはありえません。

　この二つの世界は、もっとよくなじみ合うべきだと思います。日常生活、その喜びと葛藤共々が、教会を動かす生命力(ハートビート)となるべきです。

　ハンス＝ゲオルク・ガダマーはその著作『真理と方法』(2)のなかで、二つの世界が交わる、地平の融合を語ります。それこそが、より十全な理解に至るプロセスの要だ、と言うのです。私の地平あるいは私の世界は、もう一方の世界を吸収することによって拡げられねばなりません。

　悲しいことに、教会は私が教会の世界に同化するよう求めるばかりで、私の世界については少しも知ろうとしません。私は長年教会に通っていますが、じつに多くの人が経験する信仰や人生の葛藤について講壇から語られるのをいまだ聞いたことがありません。聞こえてくるのは、現実世界との接点を失った聖職者たちの確信に満ちた決まり文句です。

　教会とはたいてい「聖なる」儀礼であり、聖職者はそれが、現実世界で信仰生活を送るために何らかの意味を持つだろうと願っています。それは根拠なき願望だ、といまこそはっきり訴えるべきです。教会で起こることは、たいてい同じことの繰りかえしで、無味乾燥です。それは教会の教理的立場、特定の信念、プログラム、あるいは特定のヴィジョンを維持したいという欲求によって突き動かされています。教会の人々の希望、願い、葛藤を中心に据えようという意識によっては動いていません。

　それはどういうことか、もう少し具体的に説明します。ある教会に行けば、そこ独自のお定まりの礼拝式次第を経験するでしょう。その不変性は、不確かな世界にある確かな岩であるはずです。しかしそれは、教会員の具体的な

葛藤や関心とつながっていないことが多くあります。また他の教会は、教会員を独自の神学的立場へと教化することをおもな使命としています。そうすれば教会員に、世での生活に答えを与える知的信仰を提供できると期待しているようです。しかしそうした教理は、たいてい神学者たちのお遊びであることがほとんどです。平均的な教会員の生活の糧にはなりません。

さらに他の教会では教会員が、模範的キリスト者であるために教会のプログラムやプロジェクトに励まねばならない、と感じさせられています。礼拝、神学、実務的な奉仕は重要でない、と言っているのではありません。教会員が教会制度の都合に引き込まれ、蚊帳の外に置かれていることが問題なのです。

加えて教会は人々に対して、起こる・べ・きことを語りたがります。しかし、彼（女）らに実際起こっていることには、それほど関心がありません。教会は人々に、キリスト者はいかに生きるべきかを教えます。しかし、それが本当に上手く行くかどうか確かめる気はあまりありません。言い換えれば、教会は認知的知識の伝達ばかりしています。教会常駐のスタッフたちは、人々の疑問や関心を知るほどじっくり彼（女）らと接してはいません。教えられたことが、人々の生活において実践に結びついているかどうかを評価できるほど親しくもありません。

たとえば、1980年代の教会は男性主導の原則を強力に推進しました（いまなおこの原則に固執する教会もあります）。当時、この教えが多くの結婚関係に及ぼした影響を調べたとすれば、その教えの見直しを余儀なくされたことでしょう。教会はそこで、人々の幸福に勝って原則を推進したのです。

教会員の実際の信仰生活が視界から隠されている、というのは私たちの教会でよくあることです。それは教会で起こることの中心となっていません。私たちは教会で、神の備えとはどういうものかという霊的な話をします。しかし職に就けない人々の痛みを聞こうとはしません。私たちはキリスト者の家庭生活の理想についてセミナーを開きます。しかし、それが家庭での実践におい

てどんな結果を生んでいるか聞こうとはしません。キリスト者の生活について、ひどく非現実的な見方をする人があまりに多いのも無理はありません。

　神の備えについて教えたいなら、それは給料のいい仕事に就いている人々と仕事に就けないでいる人々その両方にとって、何を意味するのかまで一緒に考える必要があります。さらには、この二グループが、相互に何らかの責任を負っているのかどうかまでも模索する必要があります。「神は私をとおして他の人に与えようとなさっているか。もしそうなら、やりがいの持てる働き口のない人々に対し、私は何らかの責任があるだろうか」と。

　このようなとき私たちは、たとえば以下の聖句の意味を考えねばなりません。「彼らの中には、ひとりも乏しい者がなかった」（使徒4:34）、「私はこのことによって、他の人々には楽をさせ、あなたがたには苦労をさせようとしているのではなく、平等を図っているのです」（Ⅱコリント8:13）。

　これまで述べてきたなかで、さらに根本的な問題が残っています。教会は概して、認知的知識伝達の原則で動いています。しかし誰もが知っているように、人々は何より実例によって、また実践をとおして学びます。たとえばアイラ・ショアとパウロ・フレイレは『解放の教育学』(3)のなかで、知識が変革の力を持つのは、それがテクスト〔文字〕とコンテクスト〔文脈〕の両方に関与するときだ、と巧みに論じました。

　教会に通う人々の多くは、刺激的な説教者たちから高尚な理想を聞きますが、そうした教会のリーダーたちと近しくなり、彼（女）ら自身が家族との関わりや、友人関係、近所付き合い、労り、忠実さ、奉仕をどう実践しているか見る機会はめったにありません。言い換えれば、ここでの学びはあくまで文字の解説によるものです。ある文脈における弟子としての生き方から学ぶものではありません。このようにして、模範を示すことは教会の教育戦略から失われた技（アート）となってしまいました。

　このような教会の教育方法と、イエスの弟子たちに対する教育方法とを比

べると、何と強烈なコントラストを描くことでしょう。アソル・ギルがその著作『途上の生活〔4〕』で示したように、弟子の道は共なる生活を分かち合う文脈のなかで生じます。多くの教会で人々はお互いを知らず、ましてや共通の生き方を分かち合うなどありえません。とりわけ聖職者は、教会の人々からあまりに隔たっていることがしばしばです。

　教会の礼拝はたいていパフォーマンス指向で、宗教行事のプロたちによって導かれ、勝者たちのみ語ることが許されています。毎日曜日に起こることは用意周到に計画され、演出されています。それはよくまとめられた舞台劇のようであり、特定の強調点が際立つようにしてあります。強調点は、その教会が礼拝的、黙想的、指導的、祝祭的、あるいは社会派など、どのモードに傾倒しているかによります。

　ここで、相互に関わる二つのことに触れます。その第一として、私はこれまで、障害のある人がその嘆きを講壇から語るのを聞いたことがありません。聞いたことがあるのは、癒しの証しだけです。つまり、ある決まった活動だけが許される、ということです。

　第二に、すべての教会はそれぞれ特定の強調点を前提としています。賛美中心の教会もあれば、教え中心、はたまた社会問題中心の教会もあります。後はあなたのお好みでどうぞ、というわけです。関心テーマによって自分の必要に合う教会を見つけられる、ということです。

　それは実利的に考えれば良いことだ、という意見の人も多いでしょう。私はその意見をかなり疑問視しています。それは多様性に反対しているからではなく、こうした状況がまさに生の制度化と分断化を反映しているからであり、私はそのことに反論しているのです。ここでの多様性は、特定の神学的強調点を反映しており、どうしても制度主導型の多様性です。教会員が経験する生の全体性を反映してはいません。

　霊的になるために現実を隠してしまってはいけません。キリスト者が共に

集うとき、そこで生活のありふれた問題が分かち合われ、それらの問題が聖書に引き寄せられて新たな光に照らされ、祈りに浴して開かれた行動へと押し出されていく。そんな機会を創ろうではありませんか。人々の問題が教会の計画よりも優先されるべきです。そうなれば、聖と俗の現実が混ざり合い、痛みの内にある人々の嘆きも、神の癒しの力を経験した人々の証しも等しく聞くことができます。

　キリスト者たちが集い、分かち合いがなされるとき、もっと耳を傾けるべきことがあります。金銭面のプレッシャー、難しい経済的境遇にある人々の葛藤、家や職場や教会共同体での女性たちの役割、職業選択とキリスト者としての奉仕の緊張関係、年長者をすぐに役立たず扱いする社会にある孤独と退屈の問題、喪失体験、職場での困難やストレス、プレッシャー、子どもたちとのかけがえのない時間の過ごし方。あるいは、人々はどんな風に祈っているか、どんな風に思索のときを過ごしているか、どんな風に聖書を読んでいるか、どんな本にとくに励まされたか。さらには、どんな風に近所付き合いをし、どんな風に社会とのつながりを創り、どんな風に世界の不正や貧困といった大きな問題に応えているか、などです。

　言うまでもなく、これらのテーマをこのとおり話し合うべきだということではありません。これらはあくまで私の思いつきで、たとえばの話です。

　他にも多くの、もっとずっと簡単な例があります。礼拝のなかで、若者たちから夏休みのビーチ伝道の話を聞くのなら、楽しかったパーティの話を聞いてもよいはずです。教会で結婚式と葬式を執り行うなら、誕生日や卒業を祝ってもよいはずです。あるいは、アジア系移民の人々に新しい社会に溶け込む葛藤について聞き、それを礼拝で中心的に取り扱ってもよいはずです。そもそも聖書は、よそ者や寄留者にまつわる話に溢れているでしょう。

　これらのことを少し異なる観点から考えてみます。イエスは大事な教えを、人々の日常生活の経験に織り交ぜました。イエスは子どもを抱き上げて、キリ

スト者の共同体に独自のリーダーシップの形があることの重要性を語りました（マルコ 9:33-37）。だとすれば、私たちも障害を持つ人から疎外経験を聞き、それをそのままその回の礼拝テーマとしてもよいはずです。

テレンス・ティリーは『物語神学』(5)のなかで、物語がキリスト教信仰に実体を与える、と指摘しています。私がここで言わんとしているのは、私たちの物語と聖書の物語はもっとダイナミックに交わるべきだ、ということです。

こうしたことやその他もろもろの日常的な問題や可能性についてお互いに聞き合っていないとすれば、私たちは共なる生活を分かち合ってはいません。私たちそれぞれの生活が一つの建物のなかでだけ接点を持ち、そこで共に霊的な説教を聞き、励まされる賛美を歌っていても、それぞれの現場でどんなことが起こっているかを知らないとすれば、私たちの生活は隠れたままです。人生のこれまでのいろいろな歩みにあって、また人生行路のさまざまな季節にあって私たちがキリスト者として経験してきたさまざまなことは、豊かな資源です。それなのに、私たちはせっかくの学びと励ましの宝庫を地中に埋めてしまっています。

これは悲劇的な喪失です。成人教育は一般的に、学生たちの人生経験を活用することを前提としていますが、教会プログラムの大半はそうした経験を活用できずにいます。教会は親が子をしつけるように信徒を教育する傾向があり、対等な人々の共同体とは言いがたいこともしばしばです。

酸いも甘いも噛み分けた人生経験という豊かな資源を上手く活用できずにきたため、教会の教えはおおかた狭く、実践からかけ離れたものになってしまいました。それだけでなく、神学もほとんど無意味なものになってしまいました。神学はいまや大学の宗教学科の一角を占め、神学校で学ぶものでなくなっています。そうした場に落ち着いた神学は、キリスト者共同体という血のかよった生活から引き離されてしまっています。こうして神学は教養ある学者たちの間だけでの議論となり、方法論的問題に気をとられています。そのくせ彼らは、

教会が何を信じるべきか指図しようとします。

　神の民のための神学を提供している、と彼らは言い張ります。むしろ、神の庶民の信仰、経験、奉仕、思索がはっきり打ち出された、神の民の神学を発展させるべきです。この方向性では、ロバート・バンクスの『人生という仕事のすべて』(6)などの著作が前途有望な歩みを進めており、中心となる考え方を提示してくれています。すなわち、神学は人の内的な霊性だけでなく、人生のすべてに関与すべきであり、神学的な取り組みは非専門化されるべきだ、ということです。

　教会が祝うべきは、教会員のありのままの生活経験であって、理想化された「消毒済」バージョンではありません。人々が教会なのですから、聖書の光に照らされた人々の人生と信仰の旅路こそが中心となるべきです。

■「インフォーマル」な証しと奉仕がもっと認められる必要がある■

　変革の必然性を見る第二の窓は、教会が、現在なされている多くのインフォーマルな証しと奉仕を認めず、また中心にしないという問題です。

　その好例が、教会の委員会が奉仕と実践の特別な計画を立て、それを教会員に勧め、参加と支援を得ようとするやり方です。そうした企画は、外部講師を呼んでの特別集会から、近所の未就学児のためのプログラムまで、いろいろあります。こうした例はいくらでも思いつくでしょう。いずれにせよ、こうした計画にこそ、注目と祈りとお金が集まります。それが公式企画というものです。しかし、教会員が彼（女）らの近所や職場ですでにしていることを認めようという発想は、教会から出てきません。

　たとえば、ある医療従事者の教会員がいました。その人は患者をただ治療するだけというやり方を変えて、カウンセリングや実用的な支援を提供する

ようにしました。しかし教会はその人の働きを認めようとしませんでした。ある地元代議士が教会にいました。その人は地域の生活の質向上や共通の問題に取り組んでいました。しかし教会はその人の働きを認めようとしませんでした。ある婦人が近所で聖書をインフォーマルに学ぶ会を開いていました。しかし教会は彼女を支援しようとしませんでした。貧困層の壊れた家庭出身の生徒が集まる学校で働き始めた教師が教会にいました。しかし教会は祈りをもって彼を支えようとしませんでした。障害児のいる教会員の家庭がありました。その家庭はその子の養育をミニストリーと考えていました。しかし教会は、それが教会の支援と祈りに値すると見なしませんでした。

　このようにリストアップしていけば、教会員全員を含めることになるでしょう。ある若者は学校で生徒会長の役割を担い、全校生徒はもちろん、移民家庭の生徒たちをとくに気遣っています。あるビジネスマンは好条件の雇用を提供し、職業訓練生も迎え入れています。ある父親はPTAに参加し、学校が進歩的になり、またそこで高い倫理基準が培われることも願っています。ある夫妻は里親になり、子どもたちがそれまでの家庭の問題を乗り越えるのを手伝う労苦を担っています。ある大学講師は、研究や出版のための時間を削ってまでも学生たちに真摯に向き合っています。またある若者は若者保護施設でボランティアとして働いていますが、そこにいる若者たちの多くがすぐまた路上に戻ってしまい、いつでも帰れる家がないことを知って胸を痛めています。

　これらすべて、またもっとずっと多くのことは、教会員が一週間をとおして職場や訓練の場で、また近所付き合いやあらゆる人間関係で、向き合っている現実を物語っています。その現実は、いろいろな機会や可能性がきらめく万華鏡です。それは豊かなタペストリーであり、日常生活とキリスト者の奉仕がコントラストを描いてぶつかり合うことなく、カラフルに調和した織りなしを見せるのです。

　ではなぜこれらすべては、教会の世における使命の中心になっていないの

でしょうか。なぜ支援してもらえないのでしょうか。なぜ祝われないのでしょうか。それは教会が、「特別な」ことを推進するよう運営されているからです。教会のリーダーたちだけで決められることの多い特別集会や特別事業こそが、世における教会の使命の焦点になっています。日常の美しさ、インフォーマルにすでになされていることの美しさは認められません。おそらく、それらが統制できず、組織としての功績にもならないからでしょう。

こうしたことが悲惨な結果を生んでいます。信徒が世にあって多種多様な仕方であらわしている愛と奉仕を片隅に追いやっているのは、ほかでもなく教会のお題目(アジェンダ)なのです。教会公式の奉仕活動だけが正当と見なされます。「散らされた教会」としての信徒の働きは支援されず、認められないままです。

さらにこのことは、教会がどれほど制度的に動かされているかを分かりやすく示しています。厳しく聞こえるかもしれませんが、涙と深い悲しみの思いをもって言わねばなりません。教会は信徒のためのものでなくなっています。教会は教会のためのものになっています。つまり、教会は自らの制度的あり方、その存続、そのお題目に気を取られてばかりいます。

このことをある話から明らかにしてみましょう。ある人が、問題を抱える青年を対象にした私たちのミニストリーをとおして、キリストへの信仰を持つようになりました。彼は私たちを手伝いに来たのですが、そこで「高価な真珠」を発見しました。私たちは、彼がまた教会につながるよう励ましました。彼は数十年間、教会を離れていました。しかし教会は、若者と良い関係を築けるという彼の賜物を活用しませんでした。むしろ、彼をさまざまな運営委員会へと引っぱり込みました。教会は自分たちの目的のために、彼を吸収してしまいました。彼はいまもキリスト者ですが、その教会からは遠ざかっています。

教会のための教会には、もっと露骨な形もあります。なかでも、教会のリーダーたちが全教会員をあやしい道に引きずり込むような形は最悪です。その道とは、特定の神学的十八番(おはこ)や、高くつく会堂建築計画、特定のミニストリー

事業など、それもほとんどリーダーたちの張り合いやエゴのために、教会員の必要に仕えるためのものではありません。

そう言うと、ジミー・ジョーンズ〔米国「人民寺院」の教祖〕やデヴィッド・コレシュ〔米国の新興宗教「ブランチ・ダヴィディアン」のリーダー〕によるスピリチュアル系集団自殺の奇行などを思い浮かべる人もいるかもしれませんが、そういう話ではありません。むしろ、ありふれた牧師たちが、仰々しい教会成長プロジェクトで教会員たちを疲弊させるのであり、我々は究極的真理を知っており、我々だけが真のキリストのからだなのだという奥義的な信仰へと信徒を導こうとするのです。

教会が人々にいつも良いことをするとはかぎりません。もういいかげん、そのことを認めようではありませんか。壊れた家庭があるように、壊れた教会もあります。そういう教会は、人々の罪悪感や弱さにつけ込み、人々を依存させ、世での責任ある生活へとエンパワーすることがありません。

■ 霊的発達により重きを置く必要がある ■

教会は、上手くやるはずの領域で下手な仕事をしています。それは霊性の領域です。ここで言う霊性には、回心、すなわちキリストを信じることに留まらないもっと広い意味があります。祈りと黙想の修練に留まらない意味もあります。

霊性とは、キリスト者の生き方の全体性(ゲシュタルト)です。各人がよって生きる精神性(エートス)です。霊性は内的動機と外的行動を結び合わせます。霊性は各人の内的生活と生き方を一つにまとめます。

教会が上手くやっている領域もあります。日曜日の「エンターテイメント」の領域がその一例です。たとえば福音派の教会はいまや、ずいぶん明るくて楽しいところになりました。熱狂的な聖歌隊の歌だけでなく、巧みなソロ演

奏も、かっこいいバンドもあります。そんな教会に行けばぜんぜん退屈しません。社会奉仕の領域では、メインラインの教会が概して上手くやってきました。病院、学校、高齢者や障害者向けのサービスを発展させてきましたし、囚人や社会的に疎外された人々にも手を差し伸べてきました。これらすべては、素晴らしいことです。

しかし、霊的形成 (spiritual formation) に関する教会のやり方には目も当てられません。しかし、キリスト者の著者たちがこのテーマをじゅうぶん扱ってこなかったわけではありません。トマス・マートン、ヘンリ・ナウエン、トマス・グリーン、リチャード・フォスターらによる膨大な著作が、霊性の発達 (development) を総論的に描いています。より具体的に、霊的成長 (growth) や発達、またそれらとライフサイクルの各ステージ、人生の危機、性差、気質の関係を描いた素晴らしい資料も多くあります。どのように霊的指導者 (spiritual director) になり、人々の霊的形成に助力するかといったハウツー本もあり余るほどあります。問題は、教会がすでに有しているこれらの資源を活用していないことにあります。

この失敗の一因は、制度としての教会の視点から霊性がとらえられていることにあります。ある教会では、堅信礼、信仰告白、洗礼に重きが置かれています。他の教会では、回心とそこから導かれる公(おおやけ)の証し、洗礼、聖霊のバプテスマが、各人の霊的発達における最重要通過点となっています。また他の教会では、魂を獲得する戦略や奉仕の方法論といった観点から霊的形成が理解されています。

しかしこれらすべてには、欠けていることがあります。人々がキリスト者として全人的な生き方を育むことを助けるにふさわしい戦略の開発です。そのような生き方が、祈りと仕事をつなぎ、礼拝と性（セクシュアリティ）、家族と共同体、黙想と行動、教会と世をつなぎます。このような理解がない場合、教会は誤った前提に則って動くことになります。それは、霊性とは教えられるものではな

く、どうにかして自分で会得するものだという前提です。定期的に教会に通い、聖礼典に与り、説教を聞き、祈り、聖書を読めば、人々は自ずと霊的成熟へと進むだろうと思われています。そして、そのプロセスは滑らかで直線的な発達をたどるだろうと思われています。

　どちらの思い込みも誤っています。霊的成熟は、教会のなかだけでなく、生活のただなかでも等しく形成される必要があります。また霊的発達は、闇から光へ、未熟から成熟へ、混乱から統合へと滑らかな変遷をたどりません。霊的発達はむしろ、循環的であり、行ったり来たりしたりするものです。以前に学んだことを回復すべきときもあります。また旧い教訓を再統合すべきときもあります。

　共に集まること、共に学ぶこと、聖礼典に加わること、聖書に聴き、思い巡らすことの重要性を軽んじるつもりはまったくありませんが、これらのプロセスに、制度の一環として参加するだけで霊的成熟に至るとは思えません。

　実際はその真逆のことが起こります。これらのプロセスに関して制度を頼みとすれば、人々はまちがいなく未熟なままです。教会の精神性(エートス)に上手く溶け込めたところで、それが世に参与する備えになるとは限りません。それどころか、それによって厭世的な姿勢すら身につくかもしれません。霊性とは、私の内と外の世界を結び合わせるものだと思います。だとすれば当然、私の霊性は教会とその外側の世界の両方で形成されるべきです。

　霊的形成は、人生の縦糸と横糸のなかで起こります。その緒(いとぐち)は、自分の霊的発達に責任を持つときです。また教会を霊的カフェテリアとして利用することを止めるときです。霊性は、学んでいることを自ら実践するときに発達します。人生におけるさまざまな難題や機会に向き合うとき、私は経験から多くを学びます。それは単なる耳学問の比ではありません。

　以上のいくつかの論点をそれぞれ解説します。まず何より、私は教会をガソリンスタンドのように利用するのを止めるべきです。教会は、月曜日から土

曜日の間に使い果たした霊的エネルギーを補充しに来るところではありません。自分の霊的成長に責任を持つべきは私自身です。私の霊性はただ教会を介して与えられるわけではありません。私はイエス・キリストとの人格的関係にあって立ち、聖霊を賜物として受けています。その関係を深めるのは私自身の責務です。その結果として、私は教会に行き、そこで関わり、分かち合い、他の人々とつながり、自分の賜物を用いるのです。受け取るためだけに行くのではありません。

　第二に、自分の霊的発達に対する責任が私にあるとすれば、私は学んでいることを実践する必要があります。また、その実践の場は、教会を超えた広い領域であるべきです。そこには当然、家族、学校、職場、近所も含まれるでしょう。実践がその人の霊的発達を促すのであり、その経験こそが、信仰共同体として共に集まるとき分かち合われ、励まし合いとお互いの向上のためになるのです。

　第三に、人生は滑らかで均一な経験ではありません。ねじれや曲がり角がいっぱいあります。私たち誰もが喜びのとき、困難のときを味わいます。教会での安心感に留まっている限り、私たちの霊的発達は進みません。それは人生の上り坂、下り坂にあってより豊かに形成されるものです。

　自らリスクを負い、信仰と祈りの生活を大胆に実践し、勇気をもって自らの確信に立ち、誠実さをもって生きるとき、私の霊的発達はより促されます。人生の落胆に直面し、あいまいさと向き合い、矛盾と折り合いをつけ、怒りと苦々しさを克服し、自らの痛みを認め、自らの賜物を用いつつ、限界を受け入れるとき、その発達はさらに進みます。

　要するに、私たちの霊的発達は、単に世における私たちの役割、課題、関わりに適したものであるべきだというだけでなく、人生のただなかで築かれるべきものです。というのも、まさにその生活の場でこそ、私は恐れを経験し、妥協に誘われ、関わりと行動を求められる状況から逃げたい衝動に駆られるか

らです。またそこでこそ、私は自らの痛みに向き合い、平和と和解のために働こうと願うからです。

　教会は、こうしたことの基礎となる原則を多少教えてはくれるかもしれませんが、人生の現実に適するよう私を訓練することはできません。教会は、私の手を引いて世に連れていってはくれません。教会ができるのは、私を世に送り出すことだけです。それでも教会が、その旅路の仲間を私に備えてくれることはほとんどありません。また、その旅路から戻って報告や相談をする機会や、その旅路へ戻っていくためのさらなる励ましや指示を与える機会もつくってはくれません。

　こうしてみると、教会は典型的な一制度として機能し、あるサービスやモノは提供してくれるものの、共なる生活を分かち合う人々の共同体を生み出してはいません。教会は、祈り、思い巡らし、神の前で静まる時間、奉仕が大事であり、それらが霊的成長にとって肝心だと教えてくれます。しかしそこに、人生という実験場はありません。そこで生き方が分かち合われることはありません。教会は、私たちが学んでいることを世で具現化する旅の道連れができないのです。

　制度としての教会は、人々の霊的形成をそのようなやり方で励ますことが残念ながらほとんどありません。教会は、人生の多様性に備えて人々を訓練するよう調整されてはおらず、そのための共同体形成のプロセスに合うよう組み立てられてもいません。

　簡単に言ってしまえば、霊的発達は全人的であるべきです。それは信仰や祈りという内的霊性を深めるだけのものではありません。しかし、もし教会が一つの制度的現実として組み立てられているとすれば、そうした全人性を教えることはできません。それが可能となるのは、教会員が生活を共に分かち合い、学び合い、励まし合いながら、共通の旅路を歩むことによってのみです。制度的教会のような断片化された文脈では、人生という大仕事に向けて人々を

整えることができません。そこで提供できるのは、宗教儀式のみです。教会は、それが世での課題を果たす教会員の一助となればと願うわけですが、すでに述べたように、それは根拠なき願望です。

　本章では、教会において変革を要する三つの領域を明らかにしました。これらの領域は付随的なものでもなければ、周辺的なものでもありません。これらは根本的なものです。これらは、教会のあり方を見せるために私が選んだ三つの窓でした。

　私たちは別の窓をとおして見ることもできます。事実、そうすることが大切です。教会ではどのようにものごとが決められ、どのように権力が行使されるかを観察する。教会を去った人々から話しを聞く。教会にいまもいる人々が、実際に何を信じ、何をしているかを基にイメージを組み立ててみる。（おそらくそれは、リーダーたちの考える教会員が信じていること、していることのイメージとはそれほど合致しないでしょう。）

　私が選んだこの三つの領域が指し示すのは、教会は制度的に動かされており、人々には自分たちの関心や貢献を教会の中心とする権限も術(すべ)もない、ということです。新約聖書で明らかにされた神の民のヴィジョンからこれほど隔たったことがあるでしょうか。

　イエスと教会の間にある溝が、じつに幅広いことは明らかです。私たちが風をとらえようとするならば、教会の変革は必須です。それはどのように実現しうるか、変革の基盤は何か、変革のプロセスには何があるか、そして変革された教会はどのような姿か。続く章で、これらのことをじっくり考察していきましょう。

注

(1) H・リチャード・ニーバー『アメリカ型キリスト教の社会的起源』、柴田史子訳、1984 年、ヨルダン社。

(2) ハンス＝ゲオルク・ガダマー『真理と方法』I—III、叢書・ウニベルシタス、法政大学出版局、2000 年、2012 年、2015 年。

(3) 未邦訳、Ira Shor and Paulo Freire, *A Pedagogy for Liberation*, Bergin & Garvey, 1987.

(4) 未邦訳、Athol Gill, *Life on the Road*, Lancer, 1989.

(5) 未邦訳、Terrence Tilley, *Story Theology*, Michael Glazier, 1985.

(6) 未邦訳、Robert Banks, *All the Business of Life*, Albatross, 1987.

第4章　変革の障壁
行く手をはばむ問題

　教会における変革は必須であり、かつ緊急の課題だと述べてきました。なぜ必須かと言えば、教会があまりに制度的に動かされており、教会が仕えるはずの人々の生活と関心を中心に据えられずにいるからです。なぜ緊急かと言えば、人々がいまもって疎外されているからです。

　このような疎外を経験している人々のなかには、聖職者もいます。疎外された聖職者たちは、すべてが彼（女）らの肩にのしかかるような教会の形はもはや維持できないと感じています。これはとくに、燃え尽きを経験した聖職者に当てはまります。彼（女）らは、自分たちが素晴らしい霊的万能選手になれず、人々のあらゆる期待に応えられなかったと思っています。かと思えば、人々が関わりと責任を持つように仕向けられなかったことを嘆くのです。

　他に疎外を経験しているのは、教会のしきたりに疑問を抱き始めた教会員たちです。彼（女）らは、教会が目下実践していることの先を行っています。こうした人々はたいてい社会科学の多様な領域に通じていて、職場環境ではすでに参加型プロセスを実践しています。参加型リーダーシップやチームづくり、集団内のもろもろのプロセスについてよく知っているため、教会の旧態然とした、しばしば逆行的なものごとの進め方にあきれています。

　その他に、教会にいる求道者たち、霊的価値を探し求めている人々が難しさを感じています。というのも、教会が自らの目標や価値への忠誠ばかりを求め、人格的成長や霊的発見の旅路に招こうとはしないからです。そう感じている人々がたいてい体験することですが、教会はすぐさま自らの教理への従

順と、定期集会への忠実な出席を要求してきます。教会は、求道者たちがキリスト教信仰とは何かを理解する時間をじゅうぶんに確保せず、むしろその時間をすぐに終わらせようと急かします。そのようにして教会は、人々を追い払うか、時期尚早な応答を強いるのです。

カール・ラーナーはその著書『来るべき教会の形』[1]のなかで、教会は、誰が内輪で誰がよそ者かにこだわる境界線重視の集団でなく、開かれた場であるべきだと論じています。ラーナーはさらに、教会に親近感を覚えながらも関わりを持たないでいる人々を、よそ者としてでなく教会の一部と見なすべきだとも述べています。

人々がキリスト教信仰に入るあり方は多種多様であり、その信仰的成長はそれぞれのペースに沿って歩むときに最も進みます。教会はそれゆえ、開かれた環境を創り、そこで人々が自ら模索し、問いかけ、キリスト者の生き方を経験し、押しつけではなく、納得した関わりを持つに至るよう促すべきです。

人々がいまもって疎外されている以上、私たちは教会における変革に向けた問いを発するべきです。しかし変革の呼び声に対しては、こう問い返されるでしょう。私たちが教会を変革できるのだろうか。いや、神のみが変革できるのだ、と答える人は多いでしょう。しかし私たちこそが教会を変革すべきだと私は訴えます。それは私たちの責任です。

■ 教会の変革は神の特権で、私たちの特権ではない？ ■

教会は神に属するので、教会を刷新し変革する権利と力は神のみが持つ、という意見があります。

多分にそのとおりですが、しかしこの意見は一方的です。教会が神に属する、それはそのとおりです。アブラハム、イサク、ヤコブの神、イエス・キリストにおいて自らを現した生ける神への信仰によって召された人々はみな、どの時

代どの地にあっても神の教会の一員だ、それもそのとおりです。また、神はそのことばと霊によって、人々を信仰へと招き、御子イエスを中心とした共なる生活を分かち合い、世にあって神に仕えるよう招いている、それもそのとおりです。

　そのとおりと言えないのは、教会の選ぶ特定の形式と精神性(エートス)は人間の手によらない、という意見です。神は教会の本質に対して責任がありますが、その形式に対しては私たちに大いに責任があります。教会の制度的現実を形成しているのは私たちです。特定の形のリーダーシップ、教理、戒規、礼拝、プログラムを創り出しているのも私たちです。

　このことを歴史から紐解いてみましょう。初代キリスト者の生きた1世紀、教会はカリスマティックな共同体として活動していました。そこで大事にされていたのは、人々がそれぞれに与えられた賜物を幅広いミニストリーのために用いることでした。2世紀になるまでに、それまでの焦点は君主的な司教職の登場によってぼやけていきました。こうしたミニストリーから職制への転換は、人々が創り出した一現象です。同様に、パウロのミニストリーから生まれた家の教会から、礼拝専用につくられた教会堂へと変遷していったことも、一つの歴史的、人工的な展開です。

　別の例を、教会におけるリーダーシップの現在の形に見てみましょう。それらは新約聖書時代の教会より、現代のマネージメントモデルに近いものです。パウロ時代の家の教会リーダーたちは各々が役割を果たし、霊的賜物を活用していました。当時、専属の聖職という肩書きはありませんでした。また、これらの教会はある原則に則って活動していました。すなわち、全員が聖霊によって賜物を受けているということ、その賜物はキリスト者共同体を建て上げるために用いるということです(2)。現代の教会におけるリーダーシップは肩書きに基づき、義務と責任の範囲をはっきり線引きすることで成り立っています。これは私たちが創り出したものです。現在のリーダーシップの性質が私たち

の創り出したものであるなら、それらを変えることも許されるべきでしょう。

　自明なことですが、教会のプログラムを創り出したのは私たちです。教会には聖歌隊、日曜学校、若者向けの特別プログラムがなければならない、と決めたのは私たちです。それほど自明でないかもしれませんが、私たちは教理も自分たちで創り出しています。しかしそのとおりなのです。神学の歴史が示しているように、特定の教理はその時代の大きな社会的・政治的力学に応じて形成されてきました。ジャック・エリュールも『キリスト教の倒錯(3)』のなかで、統一王朝の時代において神は王として見なされ、混沌と分裂の時代において神は父として見なされていた、と述べています。

　私たちが創り出したものについては、私たちに責任があります。そうした面こそ、私たちは自由に変革してよいと感じるべきです。神がそれらの責任を私たちに課しているのですから。教会といま私たちが呼んでいるものの伝統や規則の多くを私たち自身が創り出したのであれば、私たちには教会のそうした面を変革する全権利があります。そして、それらがもはや意義を失った、あるいは有益でないと気づいたとき、私たちは変革の義務を負っているのです。

　たとえば、教会の大きな集まりでは大部分の人がお客様のままで、教会がその人々を弟子として訓練できていないことに気づいたならば、私たちはキリスト者の成長を促す他の手段を創り出さねばなりません。ハワード・A・スナイダーは『教会を解き放つ(4)』のなかでこう論じます。西洋諸国において広く共有されていたキリスト教的コンセンサスが失われたいま、教会が一つの対抗的共同体となり、そこで世俗的価値観の海に没することのない共通の生き方を展開することは急務だ、と。

　教会の世に対する説明責任(アカウンタビリティ)に肝心なこととして、教会の形式をその本質に近づけるべきだという発想が求められています。教会の本質が、キリストの和解をとおして共なる生活を分ち合うことだとすれば、その現実は教会の体制やプログラムに反映されねばなりません。教会の本質が、キリストのもたら

す平等に基づくものであり、したがって女も男も、黒人も白人も、貧しい者も富める者も、その恵みによって平等な地位を持つのだとすれば、その現実はキリスト者共同体のリーダーシップ体制と形式に反映されるべきです。

　そう考えてみると、同じ教派の教会なのに、街の一角に白人中産階級の立派な教会があり、そこから数番地先に貧しい黒人教会がある、ということは本来ありえないはずです。こうした都合のよい配置は、教会の本質に反しています。

　同様に、キリストにある平等を信じながら男性の聖職者しかいない、ということも本来ありえません。新約聖書時代のキリスト者共同体が抱いていた基本概念の一つが、キリストをとおして社会的・文化的障壁を崩すことだったとすれば(5)、はっきりしているのは、その共同体のなかでは誰もが何かの役割を担いうる、ということです。女性たちがリーダーでもよいのです。平信徒が聖礼典を執り行ってもよいのです。富める者と貧しい者の間に平等な生き方が生まれる方法を探し出す必要もあります。

　要するに、私の論はこうです。神の特権は、教会の本質を保つことだ。私たちの責任は、私たちの創り出す体制に、神がその民に備えている目的の核心をしっかり反映させることだ。

　この要約には、大事な意味合いがいくつかあります。まず何よりも、私たちは変革のようなものに、ましてや変革のための変革に甘んじてなどいられない、ということです。「絵に描いた餅」では満たされません。第二に、私たちのなすべき変革は、聖書的啓示の核心と響き合う、ということです。変革こそ、キリスト者共同体について聖書が示す解放の勢いと調和するものなのです。

　それゆえ教会における変革は、ただ神の特権というだけでなく、私たちの特権でもあります。しかし、はっきりしているのは、本質と形式が一体だということ、また、神の思いと私たちの構想は調和すべきだと私たちが認め、そののち変革に着手するなら、神の霊は積極的にそのプロセスに参与してくるに

違いないということです。

　そういうわけで、教会に変革をもたらすという課題は私たちのものです。しかし、私たちだけのものでもありません。神の霊は、導きを求める教会の上に熱心に注がれるでしょう。私たちが前向きな変革のために尽力する旅路には、人間的な抵抗ゆえの困難を伴うことがあるにせよ、聖霊による祝福のしるしもまた伴うのです。

■ 教会の変革は不動の要素を侵すことではないのか ■

　教会における変革のために働くことは、変えるべきでないものを変えることにならないか、と懸念する人々もいます。さまざまな伝統のキリスト者たちが、教会のある要素は不可侵だと主張します。

　2、3世紀の初期教父たちにとって、教会の二大要素は司教の役割と教会の秘跡でした。その思想が発展すると、君主的な司教が教会の中心を占め、聖体拝領が救いの糧と見なされるようになりました。これらの二要素が、当時の教会理解には不可欠でした。

　宗教改革以前のローマカトリック教会にとっては、教会の階層的内実に関することが本質的な問題でした。カトリック神学者のアヴェリー・ダレスは、『教会のさまざまなモデル』のなかでこう指摘します(6)。すなわち、この教会理解は権威を階層的にとらえることに重きを置くが、それは世俗国家における司法権行使のあり方と軌を一にしている、と。ダレスはさらに、このように制度主義を重視しすぎたことが教会の本性を歪めた、と指摘しています。

　ある宗教改革者たちにとって教会の不動要素は、神のことばからの純粋な説教、聖礼典の執行、修練の実践に関わるものでした。たとえばジャン・カルヴァンは、教会はすべての敬虔な者の母であり、生きた有機体であり、仕え合う交わりだと強調しましたが、彼の焦点はみことばと聖礼典の形式的側

面にありました。ヴィルヘルム・ニーゼルが指摘するように、カルヴァンはこれらに加え、敬虔の修練の役割も重要視しました(7)。キリストが教会の魂だとすれば、修練はキリストのからだの各部分をつなぎ合わせる腱だと理解したのです。

　再洗礼派のあるグループにとって教会の不動要素は、共同体と平和主義が中心でした。再洗礼派の人々は共同体という課題をとらえて、キリストにある関係は共同体の水平的現実を生み出す、と強調しました。ロバート・フリードマンが指摘するように、再洗礼派の人々は兄弟姉妹関係としての教会という理解を深め、兄弟姉妹の愛を協働と物質的な分かち合いとして具現化しました(8)。

　現代のあるキリスト者共同体にとって譲れない要素は、「共同財布」を持ってみなでやりくりをすることです。トレヴァー・J・サクスビーは、キリスト者共同体の唯一の基礎はイエス・キリストだと強調しつつ、そのような共同体において分かち合いは徹底されねばならない、またすべてのものは共同で所有されねばならない、と主張しています(9)。

　こうした例を挙げていけばキリがありません。しかしこれら数例だけ見ても明らかなように、重要な要素はそれぞれのグループによって異なるのです。そのことが、何らかの外的基準を定め、それらを教会の証とすることの難しさを示しています。「これらのことが揃って初めて私たちは本当に教会となる」と言うことには、さまざまな問題があります。現実にこれらの基準がすべて揃ったとしても、私たちは教会であることからほど遠いでしょう。

　教会になりきれないことには、多くの原因があるでしょう。たいていは、私たちの考える不可欠の要素が限られすぎている、という問題があります。ディートリヒ・ボンヘッファーは、真の教会のしるしに関する宗教改革来の教えを厳しく批判しました。その教えが、コイノニア、交わりこそ教会の本質的要素だということを重視していなかったからです。キリストに完全に、独占的に支配

されていない領域など教会にはない、とボンヘッファーは強調しました。つまり、今日、説教と聖礼典の執行だけが教会の存在を示すことが多いとすれば、それは新約聖書の教会理念のひどい矮小化だ、というのです。⁽¹⁰⁾

　私たちの基準はたいてい、時の経過と共に硬直した定式となり、人を活かすリアリティをなくしてしまいます。宗教改革に続く世紀には、プロテスタント正統主義が台頭し、考え方はかたくなに凝り固まり、教会は恵みの使者となる代わりに律法主義の体現者となりました。

　私たちが発展させる基準には、個別の歴史的要求や状況のなかから生まれてくるものもあります。ジョン・ウェスレーの覚醒運動における組会もしくは小グループは、多くの改宗者たちが当時経験していた社会的混乱に対応して形成されました。救世軍の教会の特徴（聖礼典を持たないなど）は、当時彼らが関わっていた人々のグループの性質から帰結したものであり、他の教会の反感を買わないようにとの願いから生まれました。

　このように歴史をひろく見渡してみれば、教会のあり方の特徴はその形成期にひとたび定まると、永続化して定着する傾向があることに気づきます。たとえば、長老派教会が講壇中心の教会理解を変えたり、英国国教会または聖公会が典礼第一でなくなったりすることは想像しがたいでしょう。

　それでも、教会は時代と共に変わらねばなりません。幸いなことに、今日の学校はもはや50年前の学校の様ではありません。環境が異なっているだけでなく、教育方法が変わったからです。同じことが病院や他の制度についても言えます。教会にも積極的、建設的な変革が起こるべきです。教会はそのあり方とヴィジョンを説明するために、時代ごとにいろいろな比喩を用いる必要があります。たとえば（第二ヴァチカン公会議以降の）ローマカトリック教会では、教会のイメージを「旅する神の民」として描くようになりました。しかし、そこに留まらず、その制度や優先順位までも変革する必要があります。

　君主制が時の秩序であった時代には、教会を一つの王的、統治的制度

として語ることが適切だったでしょう。民主的で多元的な環境では、教会を一つの対抗的共同体として語るほうがよほど意味深いでしょう。しかし喫緊の課題は、単なる比喩の変化ではなく、社会学的現実の変革です。

　そういうわけで、教会は削ることのできないいくつかの要素を体現しているので変革できない、という理屈は成り立ちません。それらの要素は個別の歴史的状況から生まれたがゆえに、時代に即して変えていく必要がある、というだけではありません。それらは硬直化・定式化するものでもあるがゆえに、当初意図した目的にそぐわなくなってしまうのです。

　変革はいつも、制度的営みの周縁部分においてだけでなく、その中心部分においても求められます。それはどういうことか、一例を挙げましょう。長老派教会やその他のプロテスタント教会は、説教と講壇を中心にしています。ところで、神のことばに聴き従うことが教会であることの基本的要素だ、というのは明らかです。しかし、ラテンアメリカのキリスト教基礎共同体の多くでは、説教者と講壇を置く代わりに、みなで一緒に聖書を学ぶ機会を持つようにしました。こうした参加型の聖書の学びは、通常の説教より効果的であることが分かってきました。(11)

　革命的思想家・活動家の後に官僚がやってくるという歴史的洞察は、教会にも当てはまります。教会の本質を守るのに熱心な神の霊は、忠実な女性たち男性たちと力を合わせて、教会のあり方とヴィジョンを刷新するために働きます。しかしこうした勢いはすぐさま統制され、形式化されてしまいます。教会における刷新運動はすぐさま新しいリーダーシップ、新しい正統性、新しい神学、新しい体制を発展させます。社会学者マックス・ヴェーバーはこれを、「カリスマ」から「ルーティーン化」への動きとして描きました。

　新約聖書時代の教会の発展において、牧会書簡が記されるころまでに、一つの大きな転換点があったことは明らかです。パウロによる家の教会では霊的賜物とミニストリーが重視されていましたが、牧会書簡のなかではそれが

聖職と任務の重視に変わっています。ベンクト・ホルムベルクは、初期キリスト者共同体において、いかにすぐルーティーン化が起こったかという興味深い研究を提示しています。[12]

　私たちの時代でもこの問題はなくなっていません。刷新運動の共同体は、教会の面(おもて)を刷新しようと試みるわけですが、それらは数年のうちに著しい形式化を見せます。ピーター・バーガーとトマス・ラックマンは、こうしたことが起こる一因として、人々が閉鎖性と存在の確実性を必要とすることを挙げています。[13] 人間は多少の変革には対処できます。しかし、何をどう変えてもよいという状態を、あまりに長く続けることには対処できません。そうした状態が起こると、人々は社会学者たちが「アノミー」と呼ぶ状態に苦しむことになります。それは一つの社会的真空状態で、そこには社会的規範がないという特徴を帯びています。結果として、刷新運動のグループはすぐに、新しい確かさと合法化に落ち着きます。

　この形式化のプロセスが起こるからこそ、しかもそれがすぐに起こるからこそ、私たちは教会の核心を占めると見なされる要素を変革せねばなりません。というのは、これらの要素がたいてい、教会であることの核心よりも人間的な形式化を反映しており、またそのほとんどが私たちの人間的な統制、組織化の企てから生まれているからです。

　そういうわけで、私の論点は次のようになります。教会の本質を具現しているから神聖なのだと思われている不動の要素こそ、私たちが創造的に覆(くつがえ)すべきもの、あるいは少なくとも積極的にてこ入れをすべきものです。これらの要素は真理を探求するなかで探し当てたものだ、と私たちは考えるかもしれませんが、それらは統制したい、安定したいという私たちの欲求から生まれた可能性が高いのです。

　ですから、私たちは説教の大切さを発見したとき、祝宴の価値を再発見する必要があるでしょう。共同体の意味を発見したとき、個人の重要性を再重

視する必要があるでしょう。聖霊の力を発見したとき、僕(しもべ)となることの価値を再発見する必要があるでしょう。

　この議論でもう一つの重要な、しかしよく見落とされがちな要素があります。地域教会レベルだと、何が教会を構成するのかという問題が、あらゆる類いの内輪的な権力の虚飾で覆(おお)われてしまう、ということです。

　たとえば福音派のある教団が公式に、建前として強調していることがあるとします。教会の一員であるとは、キリストへの信仰、神の権威あることばとしての聖書を信じること、信仰の告白、洗礼、聖潔と奉仕の生活を送ることを含む、と。しかし地域教会レベルでは、あるインフォーマルな本音(アジェンダ)が支配的な精神となっているかもしれません。それは次のようなものかもしれません。キリストへの信仰は特定の回心の形をとる、聖書はまるで「魔法の書」で、そこから自分たちの生き方に合った約束を引っぱり出せる。聖潔とは生活からの離脱を意味し、衣服や化粧などの外見や、余暇をどう過ごすかにばかり気を遣うことだ。

　このような場合、教会公式の建前は認識されているものの、信徒の生活の実権を握っているのはインフォーマルの現実だという状況が起こります。変革を求めるすべての人々にとって悩みの種となるのは、そのインフォーマルの現実を問おうとすることです。なぜなら、そのインフォーマルな本音が認識されることはまれだからです。

　社会学者たちがずっと指摘してきたことですが、制度は二とおりの論理で動きます。公式の運営システムがあり、またそれとは別のインフォーマルなものごとのやり方、終わらせ方があります。ときとして、インフォーマルなもののほうが公式の現実を牛耳ります。変革が公式レベルでは試みられても、インフォーマルなものがじゅうぶんに取り扱われないなら、公式上の変革が多少起こったとしてもインフォーマルな現実はあいかわらず続いていきます。

　教会で大きな変革が起こるためには、教会の公式とインフォーマルの両面

が明確に取り扱われねばならないのです。

■ 教会の変革は聖書に反することにならないか ■

　教会は変革すべきでない、と論ずる人々がいます。教会は聖書的権威に基づいており、変革を呼びかけることは、聖書に疑問を投げかけることになるからだ、と。これは現状維持を好む保守派の人々から出てきそうな主張です。しかしこれは誤った論理に基づいています。

　そもそも、私たちが教会でやることなすことはほとんど、新約聖書と何の関係もありません。教会での習慣や優先順位の多くは、単に伝統から発展してきたものです。教会堂に始まり、聖職者と信徒の区別、制度的象徴のほぼすべて、さらには１日のなかで２回、(たいてい)微妙な時間帯に礼拝を持つことや、ドイツの鉄道時刻表並みに予定どおり進む礼拝式順といったありふれたことに至るまで、そうした例を挙げればキリがありません。

　第二に、そしてこちらのほうがはるかに深刻な問題ですが、新約聖書に書かれていながら私たちが実践していないことが多くあります。私たちの教会は、金持ちと貧乏人がキリストにある共通の生活を経験する場になっていません。むしろ、富裕層の教会が街の中心部にある一方、貧しい教会は社会的混乱と絶望の巣くう郊外にあります。また私たちの教会は、誰もがその賜物を活かし貢献するところになっていません。むしろ、宗教的専門家の役割を持ち上げ、社会的に受けのよいミニストリーだけを受け入れています。現在の教会では弱い人々、貧しい人々、疎外された人々が他より大きな栄誉を受けることなどありません。

　たとえば私たちは金持ち、有名人、美人、華々しい人が聴衆の前で証しすることを奨励しますが、「ありふれた」人々とその苦しみの証しなどはまったく眼中にありません。あるいは、現在の教会で、中産階級の教会員家庭向け

の学校プログラムを開くか、刑期を終えた人々のためのアフターケアプログラムを開くか、そのどちらかを選ばざるをえないとなれば、支持票を集めるのは前者でしょう。

　第三に、教会で実践していることのほとんどは、聖書の選択的な引用に基づいているのであって、聖書全体に基づいているわけではありません。ローマカトリック教会の伝統的な教会観は、牧会書簡から多くの影響を受けています。すでに述べたように、それらの文書は聖霊の賜物より聖職を、共同体より制度を重んじています。ローマカトリック教会が階層的・典礼的制度を発展させる上で、こうした内容がより魅力的に映るのは当然だったでしょう。

　プロテスタント諸教会、そしてとくに改革派とルター派の教会は、パウロ書簡の神学からより多くの影響を受けています。彼らにとっての最大の関心事が講壇であり、健全な教理だったからです。キリスト者共同体運動は、『使徒の働き』に見る初代エルサレム教会の描写により影響を受けています。

　よりラディカルなキリスト者共同体はたいてい、旧約の預言書や新約の福音書から強い影響を受けています。オーストラリア人新約学者アソル・ギルは、福音書に彼の共同体理解と実践のルーツがあると言いましたが、それも驚くには当たりません。[14]現代の家の教会運動は、パウロが基礎を築いた共同体の実践から多くの影響を受けています。[15]

　このように聖書それ自体に、教会であることの意味を体現する幅広いモデルが描かれています。私たちはそのなかから、自分たちに最適なモデルを選ぼうとします。たとえば、長老派の教会モデルこそ聖書が描く唯一の、あるいは最高のモデルだという主張を正当化するのは難しいでしょう。事実、講壇、教理、長老を重視するこのモデルは宗教改革の発展形であって、新約聖書の精神への回帰というわけではない、と論ずるほうが容易でしょう。新約時代の聖職は役職的・規定的ではなく流動的・機能的であって、キリスト者共同体の全員にそれぞれ役割があることが強調されていたのですから。

教会は聖書に基づいているゆえ変革すべきでないと考える人々の論は、逆さまに考えるべきだと思います。私たちの唇に上るスローガンは、その真逆であるべきです。すなわち、私たちは聖書に基づいて教会をたえず変革していくべきです。聖書全体が、私たちの教会のあり方に疑問を投げかけるべきです。

　それこそまさに、教会はつねに改革され続けねばならない、と呼びかけた宗教改革者たちの多くが支持した理想でした。しかし、それが実践に移されることはまれでした。それでも、私たちはそれを実践せねばなりません。それはとりわけ私たちが、教会を自分たちで統制し制御できるような一制度にいともたやすく変えてしまい、そのことによって最終的に神の理想を歪曲してしまうからに他なりません。

注

(1) 未邦訳、Karl Rahner, *The Shape of the Church to Come*, SPCK, 1974.

(2) Ⅰコリント 12–14 章。

(3) 未邦訳、Jacques Ellul, *The Subversion of Christianity*, Eerdmans, 1986.

(4) 未邦訳、Howard A. Snyder, *Liberating the Church*, IVP, 1983.

(5) ガラテヤ書 3 章 28 節、エフェソ書 2 章 14–22 節。

(6) 未邦訳、Avery Dulles, *Models of the Church*, Doubleday, 1974.

(7) ヴィルヘルム・ニーゼル『改革された象徴――カトリック、正教会、プロテスタントの比較』、未邦訳、Wilhelm Niesel, *Reformed Symbolics: A Comparison of Catholicism, Orthodoxy and Protestantism*, Oliver and Boyd, 1962.

(8) ロバート・フリードマン『アナバプティズムの神学』、榊原巌訳、アナバプティズム研究叢書、平凡社、1975 年。

(9) トレヴァー・J・サクスビー『共なる生活を送る巡礼者たち――ものを分かち合うキリスト者共同体の歴史』、未邦訳、Trevor J. Saxby, *Pilgrims of a Common Life: Christian Community of Goods through the Centuries*, Herald, 1987.

(10) チャールズ・リングマ『ボンヘッファーといまを生きる』、未邦訳、Charles Ringma, *Seize the Day with Dietrich Bonhoeffer*, Albatross, 1991.

(11) 神の言葉を共に聴くこのアプローチについての有益な議論は、カルロス・メステルス『無防備な花――新しい聖書の読み』（未邦訳、Carlos Mesters, *Defenseless Flower: A New Reading of the Bible*, Claretian, 1990）を参照。

(12) ベンクト・ホルムバーグ『パウロと権力』、未邦訳、Bengt Holmberg, *Paul and Power*, CWK Gleerup, 1978.

(13) P・L・バーガー、T・ルックマン『日常世界の構成――アイデンティティと社会の弁証法』、山口節郎訳、新曜社、1977 年。

(14) アソル・ギル『途上の生活』、未邦訳、Athol Gill, *Life on the Road*, Lancer, 1989.

(15) ロバート・バンクス『パウロの共同体観』（未邦訳、Robert Banks, *Paul's Idea of Community*, Anzea, 1979）はその好例だ。

第5章　変革の必然性
応答すべきいくつかの問い

　これまでの章では、変革に対する異議のいくつかに応答しながら変革の必然性について説明してきました。すなわち、私たちは教会の人間的な面を、特定の形式や体制を生み出すことによって形づくってきたということ、したがって、それらの形式や体制が意味を失うとき、あるいは抑圧的になるとき、私たちはそれらを必ず変革しなければならない、ということです。

　第二に考察したことは、私たちは教会のイメージを、特定の性質を切り取ることによって定義しますが、それはやがて意味を失ってしまう、ということです。たとえば現代のカトリック教会は、教会を階層的制度として定義することをもう止め、巡礼者の群れとして定義しています。グスタボ・グティエレスはラテンアメリカの視点から(1)、内面的霊性という自家用飛行機に乗っていては信仰を生きられない、と主張します。信仰はむしろ共同体を生み出し、その共同体は貧しい人々と利益と葛藤を共にするものでなければならない、と。カール・ラーナーはドイツの視点から(2)、教会は、自由な自主性と人々とのつながりから結実する基礎的共同体の形で、下から建て上げられるべきだ、と主張します。

　第三に考察したことは、教会であろうとする私たちの限られた試みは、聖書の深さと広さによっていつも問われるべきだ、ということです。具体的に言えば、人々をより自由にする聖書箇所こそ、私たちの教会理解の基礎となるべきです。たとえば、パウロが第一コリント書11章で展開する女性の役割と地位をめぐる議論は、ガラテヤ書3章28節に示された彼の理想に優先させ

87

て読むべきではありません。

 とはいえ、教会を大きく変革することについては、深いためらいが見受けられます。それがまるで冒瀆であるかのごとくに。教会のより中心的な要素の変革となればなおさらです。私たちは青年会や婦人会を多少変えることは構わないとしても、主の晩餐や洗礼式を教会の誰もが執り行うべきだとなれば、それを受け入れるのは難しいと思ってしまいます。

 このように本当の変革の必要性に向き合うことをためらう私たちにとっては、次の二つの根本的な問いを考えることが肝心です。教会は成果を出しているか。教会は意味あるものであり続けているか。

■ 教会は成果を出しているか ■

 ここで踏み込んで考えたい一つの重要な要素が、成果についての問いです。教会は、他の多くの諸制度と同じく、特定のことを人々のためにしていると主張します。それらは「ミッションステートメント」と呼べるかもしれません。だとすれば、そこで良い結果を出しているかどうかを問うことは当然です。そして、その質問に回答する人々は、そのサービスの受け手です。

 人的サービス提供の分野における研究が明らかにしていることですが、サービス提供者はたいていその受け手の代わりにそのニーズを定義し、その上で自分たちはそれらのニーズにいかによく応えているかを主張します。しかしながら、サービスの受け手が自身のニーズを定義するよう問われると、たいてい提供者側の定義とはかなり異なった答えが出てきます。そしてその受け手に、サービスの提供者がどれだけ良い仕事をしているかを問うと、たいていもっともな批判が出てきます。

 こうしたことが起こるのは、人的サービスの提供者が自らのニーズと業績という利害関係にこだわるからです。こうした提供者側の利害関係は、提供者

が仕えていると主張する人々の正当なニーズといつも合致するとは限りません。

　私はクイーンズランド大学の社会福祉事業・社会政策学科で上席研究助手として長年働く機会に恵まれました。クリス・ブラウン教授を団長とするこの研究チームは、身体障害者・知的障害者にサービスを提供する膨大な数の福祉NGOを評価しました。消費者視点に焦点を当てた実践的研究法を用いてみると、それらの組織がクライアントの正当なニーズと期待を中心に据えられていない、という結果が一貫して示されました。要するに、組織は自分たちが消費者にとって何が最善かを知っているという前提に則って運営されていますが、実際は消費者とじゅうぶんに相談できていない、ということです。

　この点では、教会も変わりません。教会も、人々が何を必要としているかを知っていると自認しています。しかし、その人々と相談できていません。さらに、教会上層部のニーズと制度としての教会のニーズが、そのサービスを受けもし支援もする教会員たちよりはるかに優先されています。こうしたことが起こるとき、教会は教会員たちの僕(しもべ)たりえていないのです。

　さらに鋭く問います。現代の教会は教会員のために良い結果を出しているでしょうか。答えは総じて「否」です。

　この答えを裏づける逸話的な例をご紹介します。私の友人に教会を去った人々がいます。教会が、結婚生活の危機を経験している彼(女)らを助けられなかったからでした。教会が片方の肩を持ち無実だと信じたため、もう片方が裁かれ拒否されたと感じて去っていきました。私の友人に教会を去ったある女性がいます。女性がたえず見下され、男性よりも劣っていると見なされたからでした。他にも教会を去った人々がいます。教会の語る成功、力、功績のメッセージが、福音書から彼(女)らが知るイエスにあまりにもそぐわないと思い、もはや教会の共同の営みと礼拝に共鳴できなくなったからでした。

　例を挙げればキリがありません。ある夫妻は、教会が利己的な制度だと感じ、別の人は教会が人々をエンパワーせず、結局は聖職者の権力ばかり大

事にされていると感じていました。また別の人は、教会がカリスマ的リーダーシップとミニストリーをとおして、人々に特定のことを信じさせ、またそのグループにだけ忠誠を誓わせようと操っていると言いました。

　しかし、私が話を聞いた教会を去った人々の大半にとって、問題は別のところにありました。それは、日曜日に行われていることがおそろしく見当違いだということでした。今日聞かれる説教のあまりに多くが、宗教的な装いをしたB級ポップ心理学か、はたまた神学的抽象論のどちらかです。そのどちらも結局は役に立ちません。しかしもっと深刻なのは、教会がほとんど、演出されたステージのような、現実のさまざまな問題に関わらない宗教儀式に参加するだけの場所でしかない、ということです。教会は、人々の日々の暮らし、活動の現場、個人的な葛藤や痛みにほとんど関わっていません。さらに、隣人に仕えたい、世界を変えていきたいという人々の純粋な願いにもほとんど関わっていません。

　現代の教会は、教会員のために良い結果を出していません。彼（女）らに責任を付与せず、従属的なままにしているからです。教会は平信徒の受け手に、特別扱いの「聖なる」人物たちをとおして「聖なる」サービスを提供し、受け手はそれらのサービスを提供する制度に忠誠を誓うことによって謝意を示さねばなりません。こうしてその制度とその専門家たちには権力が与えられ、平信徒は無力な立場に留められます。言い換えれば、信徒は何をしなくてよいかを完全に弁えています。すなわち、説教すること、聖礼典を執り行なうこと、教会を運営することです。しかし平信徒は、自分たちがしなくてよいことを、へとへとになるまでやってくれる聖職者たちに恩を感じねばならないことも弁えています。

　医療または福祉サービスの提供では、その専門家がいちばんよく分かっていると教えられます。教会では、そうした教えがさらに強化されます。聖職者や神学者は専門家であるだけでなく、「神に任命されている」からです。宗

教的専門家たちによる宗教的サービスの提供に対し、平信徒の役割はそのようなサービスを「買う」ことがおもになります。ただその買い方は、代金を支払うというより、お金を献金かごに入れるというものですが。

　宗教的サービスを買うという言い方は、きつくて批判的に聞こえるかもしれませんが、それは一部の福音派やカリスマ派の特徴になっています。人々は自分たちのスタイルに合った教会を求めて、買い物に出かけます。当然、彼（女）らが行き着くのは、専門家たちによるサービスがたくさんあり、エンターテイメント性の高さを売りにする教会です。こうした教会は楽しい体験であるだけでなく、そこには保育所から高齢者ホームに至るまで、「キリスト教的」サービスもあります。

　このような人々が行き着く先は、一つのキリスト教的ゲットーです。さらに人々は、自分自身の霊的成長・発達にほとんど責任を負わなくてよくなります。すべてはお膳立てされていて、たいていの人々はそれでずいぶん楽しくいられます。

　ほとんどの教会は、教会員が霊的に成長・成熟することを一つの目標にしています。しかしそれは、現在の体制のなかではたやすく達成しえません。成熟は、教会員が教会であるときに、そして神のもとで教会の営みと使命に責任を負うときに、初めて訪れうるものだからです。

　別の言い方をすれば、教会の追い求める正当な目標が教会員の霊的成長・成熟だとすれば、教会はそれにふさわしいプロセスを採り入れねばなりません。すべてやってもらい与えてもらうだけでは、人は成熟しません。人々は自らの責任を認めて初めて成熟します。しかし教会は愚かにも、にっちもさっちも行かないところに自ら来てしまいました。教会は人々のために宗教的サービスを提供し続け、人々に主体的な関与の機会をほとんど与えていないのに、もう一方で彼（女）らが成熟するようにと願っているのです。

　教会が教会員の共なる生活である代わりに、制度的に突き動かされた宗

教的サービスの提供者であるとき、一定の成果を適切に出すことは決してできません。こうしたことが起こっているならば、変革の呼びかけは正当化されるだけでなく、必然となります。

■ 教会は今日的意味を帯びているか ■

人々のために一定の成果を生み出せないことが、変革の必然性の一つの根拠だと述べてきました。もう一つの根拠は、今日的意味を帯びていないことです。

教会に通う人々は、他の人々と変わらず、歴史の動きの一部です。新しい思想や新しいヴィジョンが社会に広がり始める歴史的変革の最前線に、教会の一部のメンバーがいた時代もありました。たとえば、近代科学草創期、その最前線には傑出したキリスト者たちがいました。[3]

しかしながら、現代の西洋キリスト教は、そのような名誉ある立場にありません。教会は社会変革や進歩的思想の最前線にいるというより、その土俵に引きずり出されて、ようやく参加し始めるというあり様です。

こうした教会の及び腰の例は多々あれど、数例を挙げれば事足りるでしょう。教会は人権の領域には遅れてやってきました。エコロジーもようやくそのお題目に入れて、神学の「緑化」を図っているところです。全人的発達や共同体事業を非宗教的立場から推進する人々に遅れをとっています。

以上の諸問題の原因になっている現代西洋キリスト教の難題があります。教会は20世紀初頭、自由主義の神学的教義や実践を適切に拒絶したものの、教会の大部分は、世における自らの役割と課題をどう理解すべきか決めかねたまま来てしまいました。急成長している福音派、カリスマ派、ペンテコステ派の教会もやはり、現世肯定的ではなく現世否定的な立場をとる傾向があります。

さらに、教会のなかには反動的姿勢を崩さないグループもあります。彼（女）らは、教会が世の中で特別な地位と特権を有していた過ぎ去りし時代、とっくの昔に指の間からこぼれ落ちていった日々ばかり懐かしみ、呆然と思い出しています。教会は、前世紀に社会的・政治的駆け引きにおいて占めていた重要な位置を失ったことを嘆くばかりで、受肉的な信徒による草の根運動として自らを再編成し、新しい社会を下から建て上げようとはしませんでした。

私がここで言わんとしているのは、中世、すなわち教会と国家、聖書と剣が社会の二本柱だったキリスト教世界の千年紀を、教会がいまだ忘れられずにいる、ということです。その枠組みのなかで、教会は極めて特権的な制度であり、ときには国家を支配することすらありました。その形勢は現実として消え去ったものの、その夢は新カルヴァン主義の再建主義者(リコンストラクショニスト)のような現代のグループの間でなお抱かれ続けています(4)。

現代の教会はこの夢に思い描く強い立場を追い求めるのではなく、弱い立場から自らを再建すべきです。教会は自らを、多元的な世界における「小さき群れ」として見直す必要があります。教会は自らのあり方を、新約聖書の伝える神の国の価値観に基づいて形づくるべきです。その価値観は、ドナルド・クレイビルが示したように、世の標準的な価値観とはかなり異なります(5)。教会は自らのあり方をこれまでとは違った太鼓の響きに合わせ、一つの対抗的共同体として、いまひとたび歩き出すことができます。社会におけるパン種、塩、光としてふるまい、致命傷を負った世に、いのち、希望、転換の新しい勢いを吹き込むことができます。

教会はもはや、権力と特権の立場から世界に影響を与えられません。そもそも教会は、そのような立場を上手く使いこなせた試しがありません。権力は教会を弱体化させ、その一貫性を蝕むばかりでした。

ある意味で、教会は再出発しなければなりません。自らのあり方を早急に転換する必要があります。転換を成し遂げ、さらに転換し続けるとき、教会

はそのあり方を世の転換にささげることができます。自分たちの夢に倦み疲れ、その夢が、砂漠の強い日照りのもと立ち上る蜃気楼に過ぎないと気づいた世の転換に。教会が旧い力を手放さずにいるならば、新しい力を生み出すための実際的な働きなどできないでしょう。

　これらすべてが示唆しているのは、教会がある意味で「現代的」になりきれていない、ということです。これは、世俗主義こそ教会にとっての大きな脅威だとする教会のリーダーたちのしつこいぼやきとほとんど逆の見方です。たとえばフランシス・シェーファーは、世俗の民意に迎合していることこそ教会の問題だと見なしました。彼は、私たちの時代の世界精神が私たちの大事にしているものすべてを踏みつけて通り過ぎていくと語り、私たちの文化と国が受けるに値するのは神の怒りしかないと断定しました。

　世俗主義と、それが強調する相対主義、物質主義、利己的な個人主義に激しく抵抗すべきだ、という意見には同意しますが、健全な現代的傾向については評価し、選択的に活用すべきです。言い換えれば、現代世界に出現したすべてのものが悪いとは限らない、ということです。神はこの世界に摂理的に関わります。またキリスト者たちは、この社会の善きものから多くを学びます。当然のことですが、私たちは起こることすべてに否定的に反発すべきではありません。それらを見極めていく必要は確かにあります。しかし私たちの周りには、キリスト者が積極的に活用できるものも確かにあるのです。

　そうした例はたくさんありますが、二つの例で事足りるでしょう。一つはフェミニスト運動です。もう一つは人的サービスにおける自助というテーマの発展です。

　1970年代のフェミニズムの傾向は、よりラディカルで、おそらくそれほど有効ではありませんでしたが、それが落ち着いた後の10年間は、より建設的な局面を迎えました。キリスト教フェミニズムの研究者たちは、家庭、教会、社会における男女の役割という重要な問題に取り組んだだけでなく、聖書学

や組織神学の領域全体にも貢献しました。前者の好例は、エリザベス・シュスラー・フィオレンツァの『彼女を記念して——フェミニスト神学によるキリスト教起源の再構築』(7)です。後者の代表的な例は、『フェミニスト神学読本』(8)です。こうした建設的な発展を無視すれば、教会はさらに貧しくなるばかりです。

　もう一つの例は自助というテーマです。自助の発想は、ほとんどの人的サービス提供の場に浸透しています。効果的な共同体事業が成立するのは、その地域住民の資源と要求が確認され、活用されるときです。つまり、人々の努力が課題解決にとって不可欠だ、ということです。言い換えれば、専門家たちがその共同体にとって何が必要かを決め、それをその共同体のメンバーの・ために・する代わりに、戦略として、まずその共同体自体をよく知ること、そしてメンバーが自分たち自身にとって鍵となるニーズを特定し、どのプロジェクトが優先されるべきかを自分たちで導き出せるよう補佐することが肝心です。その上で、さらなる戦略として、その成果を生み出すことへと人々を動員することが肝心です。このようにして共同体事業は、人々の・ため・の事業ではなく、人々・の事業になるのです。

　このアプローチには、プロジェクトが達成されること以上の意味があります。それらの成果を生み出す際のプロセスそれ自体が、共同体形成にとって付加的利益となり、またその共同体の構成員たちの尊厳を高めます。自助におけるこれらの戦略は、途上国における開発事業を成功させる鍵ともなっています(9)。

　身体障害・精神障害を持つ人々を対象にしたサービスでも、サービス決定・管理におけるクライアントの役割が強調されています。言い換えれば、医療的管理を強調する伝統的な障害者向けサービスモデルは、共同生活と最大限の自己決定権を促すサービスに取って代えられつつあります。障害者はいまや、陰気な施設に隔離されるのではなく、社会の主流に加わるよう励まされています。

　また、伝統的に極めて専門家中心だった医療ケアにおいても、より啓発が

進んだ現場では、患者の役割が受動的受け手から能動的参加者へと高められつつあります。

さまざまな研究が示しているように、人々は医療従事者たちからもっと予防教育を受けることを期待するようになっています。人々はまた、診断についてより良いフィードバックを受けることや、治療方法の選択肢についてもっと話し合うことも期待するようになっています。単刀直入に言えば、人々は分別のある知的な人間として、自分たちの身体がどう動き、機能するかを多少なりとも理解している者として扱われることを期待しているのです。

この動きは、より大きな責任と自己決定権を「普通の」人々の手に委ね、専門家たちの統括的役割を最小化しようとするものです。教会はこの動きから多いに学ぶところがあるでしょう。

以上のような意味で、教会は「現代的」になりきれていません。教会は、新しい社会動向を創造的にとらえることを渋ります。それが文化に浸透し始め、また教会の人々にも影響を与えているにもかかわらず、です。教会員の一部がそれらの発想に可能性を見い出し、教会の優れた思想家たちがそれを神学的に健全だと宣伝しても、総じて教会は抵抗を示します。教会は適応と変革を怖がります。紀元1世紀の疲弊した律法主義的ユダヤ教の内側から、ラディカルな変革運動として始まった制度にしては意外です。

教会がそのような変革を恐れることは、ある意味で理解できます。キリスト者グループが共に分かち合う生活において、自助と自己決定の思想が浸透すれば、制度としての教会の伝統的役割を吹き飛ばし、また宗教的専門家の役割を根底から変えるだろうからです。

そうした合意のもとでは、礼拝し、祈り、みことばに聴き、聖礼典に与る(あずか)ために共に集まるとき、人々のニーズ、希望、切望が中心となります。さらに、キリストの主権のもとで、人々が共なる生活のために自ら目標を設定するなら、専門家の役割はあくまで助言的、補完的なものになり、制度的キリスト教の

場合ほど決定的なものではなくなります。

　これらの議論はみな、「世的」教会、あるいは世俗化されたキリスト教を標榜するものではなく、今日的に意味ある教会を目指すためのものです。悲しいかな私たちは、「時のしるし」を読み違えやすいものです。それどころか、私たちは反動主義者になりやすいものです。また、恥ずかしいことに、私たちが新しい勢いを採り入れるころには、世の人々はとっくの昔にそれらを採り入れており、別の問題と格闘しています。たとえば、教会では女性の役割をめぐっていまだに激しい闘いが続いていますが、その間に世俗社会はすでに雇用機会均等法を整え、職場における女性の役割を担保しています。

　さて、ここまで私は、「教会を変革すべきでない」という考え方に異議を唱え、変革のための二つの根拠を提示してきました。すなわち、教会は自らが設定した成果を生み出せないでいること、そして、今日的な意味を帯びておらず、いまの社会にある肯定的な傾向に創造的に対応できていないことです。しかし、これらは重要な要素ではあっても、それだけで教会におけるラディカルな変革の呼びかけを正当化するには明らかにじゅうぶんでありません。さらなるものが求められています。

　事実、最も求められているものがあります。それは聖書の読み直し、変革のための新しいヴィジョンを与えうる読み直しです。

注

(1) グスタヴォ・グティエレス『歴史における貧しき者の力』、未邦訳、Gustavo Gutierrez, *The Power of the Poor in History*, SCM, 1983.

(2) カール・ラーナー『来たるべき教会の姿』、未邦訳、Karl Rahner, *The Shape of the Church to Come*, SPCK, 1974.

(3) この発達についての興味深い議論については、R・ホーイカース『宗教と近代科学の勃興』、藤井清久訳、すぐ書房、1989年を参照。

(4) R・J・ラッシュドゥーニー『聖書律法綱要』、未邦訳、R. J. Rushdoony, *The Institutes of Biblical Law*, Presbyterian and Reformed Publishing, 1973.

(5) ドナルド・クレイビル『逆さまの王国』、未邦訳、Donald Kraybill, *The Upside Down Kingdom*, Herald, 1978.

(6) フランシス・シェーファー『大いなる福音的わざわい』、未邦訳、Francis Schaeffer, *The Great Evangelical Disaster*, Crossway, 1978.

(7) エリザベス・シュスラー・フィオレンツァ『彼女を記念して――フェミニスト神学によるキリスト教起源の再構築』、山口里子訳、日本キリスト教団出版局、2003年。

(8) アン・ローデス編『フェミニスト神学読本』、未邦訳、*Feminist Theology: A Reader*, Ann Loades (ed.), SPCK, 1990.

(9) このアプローチを支持する多くの教育的戦略の好例として、アン・ホープ、サリー・ティンメル『変容のための訓練――共同体従事者ハンドブック』、未邦訳、Anne Hope and Sally Timmel, *Training for Transformation: A Handbook for Community Workers* (3 vols), Mambo, 1984.

第6章　変革の源
聖書が教えるヴィジョンの描き方

　教会であることの意味を理解しようとするならば、その理解を最終的に形づくるのは伝統ではなく、聖書であるべきです。この意見に誰もが同意するわけではありません。発展的アプローチ、すなわち、神が教会を現在に至るまで導いてきたそのあり方こそ、教会の本来のあり方だと主張する人々もいます。これは要するに、進化的理解です。聖書の役割と同じくらい伝統の役割を強調する人々に好まれる理解です。この立場は、紀元2、3世紀に司教、司祭、聖餐を重んじるようになった教会の発展を新約聖書の歪曲だとは言わず、摂理的な発展だったと主張します。

　私は原則としてこの立場を認めません。この立場は結局のところ、教会に対する批判的・評価的側面を取り去ってしまうからです。また、神の摂理的な配剤という観念が強調されすぎると、教会を形づくる上で良かれ悪しかれ私たちが担う役割が甘く見られることになります。

　新約聖書の役割は、私たちのいまの教会観を問い直すことにあると思います。私の立場は、原点回帰主義的、すなわち新約聖書の諸原則を回復するために「振り返る」ものです。この原点回帰主義の好例は、再洗礼派運動です。その運動は、プロテスタント主流派教会が試みたよりもはるかに徹底的に、労り合い、分かち合う新約聖書的な共同体として教会を建て上げようと模索しました。マルティン・ルターは意外にも同様のヴィジョンを描いていましたが、それを実践するには至りませんでした。

ルターは「ドイツミサと礼拝の順序」のまえがきで、次のように書いています。

> かえって熱心にキリスト者たろうとし、手と口で福音を告白する者は、その名前を登録し、ただ祈り、朗読し、洗礼を受け、聖餐にあずかり、その他のキリスト者のわざをなすために、一つの家に集まるべきである。この秩序では、マタイ18章15〜17節のキリストのおきてに従い、キリスト者らしくない者を識別し、罰し、矯正し、除名し、あるいは破門することができる。ここではまた、いっぱんの慈善がキリスト者に課せられ、第二コリント9章1および12節以下の聖パウロの例に従って、貧しい者に喜んで与え、分配する。〔中略〕ここではまた、洗礼と聖餐が、短くて美しい様式で守られ、すべてのことが御言と祈りと愛とに向けられる。〔中略〕つまりもしも私たちが、熱心にキリスト者になろうとする民衆や人材を持つならば、《礼拝の》順序や様式はすぐにつくられるであろう。

ルターは、こうしたより原点回帰的な教会のあり方をおし進めず、このような展開の機は熟していないと主張しました。彼は次のように書いています。

> しかし私は、まだこのような教会や集まりを組織するとか、つくり上げたりするとかはできないし、しようとも思わない。なぜなら私は、そのための民衆や人材をまだ持っていないからであって、私はそれを主張する多くの人々を知らない。(1)

悲しいかな、ルターは進んでこの困難と闘わず、その機は失われてしまいました。その後に領邦的教会が発展し、制度と、教会に法的保護を与える王侯の役割が重んじられるようになっていったためです。また、もっとシンプルな家の教会の形を強く求める者は誰もいない、というルターの判断はまった

くもって誤っていました。再洗礼派運動が、ルターの目指せなかったことをまさに実践していたのです。

さてここで強調しておくべきことですが、原点回帰的立場と言っても、それは旧き良き時代の回顧ではなく、また初期教会の形式と精神を完全に取り戻せるという前提に基づいているわけでもありません。そもそも古代世界の現実には戻れませんし、その当時当然とされていた社会的現実もろとも取り戻したいと思う人はいないでしょう。たとえば、奴隷制を現代に復活させたい人などいるでしょうか。

では何を取り戻すのが望ましいのでしょうか。それは、新約聖書に出てくる諸共同体が、当時のさまざまな社会的ニーズにラディカルに応答する上で取ったアプローチです。そして、彼（女）らが自分たちの共同生活を、一つの対抗的共同体として秩序立てたそのあり方です。より具体的に言えば、取り戻す価値があるのは、新約聖書の諸共同体の形式よりも、むしろ彼（女）らの描いた、礼拝し、分かち合い、仕える生き方のヴィジョンなのです。

そのためには現代の現実を踏まえた、聖書の批判的読み直しに取り組む必要があります。これには慎重な説明が必要です。「現代の現実を踏まえた」「批判的」「読み直し」とはどういうことでしょうか。ここから先は現代における解釈学——聖書を理解し、解釈する技術（アート）の世界に少し足を踏み入れてみることにしましょう。

■ ヴィジョンは聖書の「批判的」読みによって再発見されうる ■

「批判的」読みが不可欠なのは、聖書が統一的でなく体系的でもない書物だからです。とくに新約聖書は、臨時の文書というジャンルに分類されるのがふさわしい書物です。それはどういう意味かと言えば、新約聖書は当時

の初期キリスト者共同体の特定の状況とニーズに応答する形で書かれている、ということです。これらの書物には、特定の問題に関する最終的、包括的、あるいは確定的な発言をしようという試みの跡が見られません。ましてや、教会はこういう形でなければならない、といった確定的な発言などないのです。教会を描くために用いられた比喩は、「からだ」から「家族」や「神殿」に至るまで多岐にわたっています。

したがって、教会であるとはどういうことかについて、新約聖書にはただ一つのはっきりした考えがある、と言うことはできません。新約聖書は、多くのイメージを用いて教会の鍵となるいくつかの性質を描き、いくつかのモデルの輪郭をうっすらと描いているだけです。

一つの主要なイメージは、キリストのからだとしての教会（Iコリント12-14章）で、その鍵概念が12章12〜13節に描かれています。

> ですから、ちょうど、からだが一つでも、それに多くの部分があり、からだの部分はたとい多くあっても、その全部が一つのからだであるように、キリストもそれと同様です。なぜなら、私たちはみな、ユダヤ人もギリシャ人も、奴隷も自由人も、一つのからだとなるように、一つの御霊によってバプテスマを受け、そしてすべての者が一つの御霊を飲む者とされたからです。

キリストのからだとしての教会というパウロの比喩は、一致と相互関与という考え方を大事にしているだけでなく、ラディカルな再統合もまた強調しています。キリストのからだはギリシャ人だけ、あるいは自由人だけからなる同質集団ではありません。それは文化的、社会的にも多様な現象なのです。

しかしパウロは、家族や神殿としての教会という、もっと構造的なイメージ

も用います。エペソ2章19〜22節で彼はこう書いています。

> こういうわけで、あなたがたは、もはや他国人でも寄留者でもなく、いまは聖徒たちと同じ国民であり、神の家族なのです。あなたがたは使徒と預言者という土台の上に建てられており、キリスト・イエスご自身がその礎石です。この方にあって、組み合わされた建物の全体が成長し、主にある聖なる宮となるのであり、このキリストにあって、あなたがたもともに建てられ、御霊によって神の御住まいとなるのです。

それぞれのイメージは異なるにしても、同じ統合的な現実がそこにあります。この新しい共同体は、キリストにある一致を見い出した、文化的に多様な複数のグループで構成されている、ということです。

ある教会モデルは、牧会書簡に描かれている（Ⅰテモテ3章）、より制度化された教会のイメージです。また別のモデルは、パウロのミニストリーから生まれた家の教会です（ローマ16:3-5）。三つ目は、エルサレムの共同体です（使徒2-4章）。

新約聖書の批判的読みでは、これらの異なるいくつかのイメージ、描写、モデルをそれぞれ比較検討しなければなりません。言い換えれば、これらの多様なイメージを統合せずに、ただ横並びのまま受け取ることはできません。このアプローチではまた、新約聖書には啓示的と認められる「モーメント」とそれほどでない部分があるか否かを判断することが求められます。

たとえば、プリスキラは夫と共に教師とリーダーの役割を担ったという描写がありますが（使徒18:26、ローマ16:3-5）、それは「婦人執事も、威厳があり、悪口を言わず、自分を制し、すべてに忠実な人でなければなりません」と第一テモテ3章11節に描かれている女性の役割よりも重要な意味があるかどう

か、という問いを立てうるでしょう。プリスキラには、教会においてダイナミックで参画的な役割がありました。後者の婦人執事たちには、品格ある人物という以上の役割は想定されていません。

啓示的と認められる「モーメント」があるという考え方は、聖書がすべて神のことばであり、信仰と生活にとって十全だということを否定しません。その考え方において強調されているのは単に、聖書は統一的でも体系的でもない書物だということ、そして、そのなかで最も力を与える洞察を発見するには注意深い読みが求められる、ということです。

さらなる例を挙げてみましょう。「ユダヤ人もギリシャ人もなく、奴隷も自由人もなく、男子も女子もありません。なぜなら、あなたがたはみな、キリスト・イエスにあって、一つだからです」。このガラテヤ3章28節は、キリストのからだにおける文化的、社会的、性別的平等と一致を宣言したパウロのマニフェストとも言えます。しかしこのマニフェストが牧会書簡に引き継がれていないことはご存知のとおりです。牧会書簡では、性差と社会的身分に基づく服従が強調されています（Ⅰテモテ 2:11-15、Ⅰテモテ 6:1、2、テトス 2:9、10）。

この立場を最もはっきり反映しているだろう箇所は、Ⅰテモテ2章12〜14節です。

> 私は、女が教えたり男を支配したりすることを許しません。ただ、静かにしていなさい。アダムが初めに造られ、次にエバが造られたからです。また、アダムは惑わされなかったが、女は惑わされてしまい、あやまちを犯しました。

読者は好むと好まざるとにかかわらず、ガラテヤ書の題材と牧会書簡の題材のどちらを主要なイメージとすべきかを選ばねばなりません。

聖書に対するこの批判的アプローチは、新しいものではありません。かと言って、旧い自由主義神学の批判的立場ともまったく無関係です。それは、聖書の記述のなかで超自然的世界観に基づくと彼らが見なした箇所を、すべて神のことばでないと否定した立場でした。このアプローチはむしろ、「聖書に照らして聖書を読む」という改革派の古い原則と響き合うものです。そのアプローチは、聖書のなかに他の箇所より根源的に重要な箇所があることを認識していました。この原則は、マルティン・ルターの著作に最もはっきり示されているでしょう。ルターは、ローマ書はヤコブ書に優る、なぜなら後者が善行ばかりを勧め、信仰義認の概念を明確に打ち出していないと論じました。

■ ヴィジョンは聖書の「読み直し」によって発見されうる ■

　聖書を「読み直す」という考え方についても、多少の説明が必要です。聖書は変わりませんが、私たちの読み方は変わります。

　私たちは個人的に変わり、また社会の主要な価値観も変わるので、私たちは聖書に新しく問いかけ、新しい答えを求めます。私たちの個人的地平も社会的地平も同じところに留まっていないので、私たちは聖書に新しく取り組む必要があります。それが意味するのは、神学するという課題を大なり小なり、それぞれの世代がこなしていく必要がある、ということです。

　たとえば今日、聖書を盾にして奴隷制の妥当性を論じる人はいないでしょう。聖書のラディカルな読み直しをとおして、奴隷制廃止に重要な役割を果たしたキリスト者もいましたが、過去のほとんどのキリスト者たちは、奴隷制は神が制定した社会的現実であり、聖書によって支持され（Ⅰテモテ6:1-2）、その解釈を否定する者は聖書の権威を軽んじることになる、と信じていました。[2]

　もっと現代的な例は、女性の問題に関わることです。今世紀における女性

たちの政治的・社会的解放の前進、また、フェミニスト運動全般、なかでもフェミニスト神学のより建設的な傾向と共に、初期キリスト者共同体における女性たちの役割に関する聖書の大幅な読み直しが起こってきました。この読み直しは、イエス運動で女性たちが果たした重要な役割（ルカ 8:1-3）、彼女たちによる復活の証言（マタイ 28:1-7）、初期教会での預言者的役割（使徒 21:7-9）、初期の家の教会での役割（使徒 18:26、ローマ 16:3-5）や、パウロのミニストリーで担った重要な役割（ローマ 16:1-16）などを浮き彫りにしました。

これらや他の聖書箇所が示しているのは、初期キリスト者運動が男性の役割だけに基礎を置いていたわけではない、ということです。新約聖書の頁は男性たちの功績で溢れていますが、もっと注意深く読めば、女性たちの果たした役割が、どこでも重要だったことが浮かび上がってきます。それはイエス運動においてだけでなく、パウロのミニストリーにおいても同様でした。[3]

こうした初期キリスト教における女性たちの役割に関する聖書箇所が、キリストにある新しい平等というパウロのマニフェスト（ガラテヤ 3:28）と結びついたとき、この新約聖書の読み直しが、服従と疎外という女性たちの旧い地位を拒むに至らせました。こうして今日、女性たちは一部の進歩的な教会でその中枢に加わり、リーダーや教師の役割も担うようになりました。

この女性解放の例は、「現代の現実を踏まえた」聖書の読み直しとはどういうものかを分かりやすく教えてくれます。近代女性の役割がこのように著しい社会変化を見せたことで、私たちは聖書を読み直す上で次のように問うことを迫られました。「聖書は、初期キリスト者共同体における女性たちの居場所と役割について、何と言っているか」。

この問いから、イエス運動とパウロの家の教会どちらにおいても、女性たちの役割は、当初考えられていたよりはるかに重要だったというヴィジョンが回復されるに至りました。そして、初期キリスト教における女性たちの役割に関

するこの新しい理解が、今日の教会における女性たちの役割に関する私たちの認識に影響を与えるようになったのです。

■ ヴィジョンは聖書のダイナミックな読みによって再発見されうる ■

　以上の考え方の基礎となる解釈学は、二つの地平による弁証法です(4)。ここで鍵となる考え方は、私たちは決して中立的に聖書を読まない、ということです。私たちはつねに、自分たちの時代的地平に沿って予め与えられているさまざまな理解、私たちの文脈が規定するさまざまな前提、私たちの時代ならではの問いを携えています。社会が変わるにつれ、私たちの前提も問いもまた変わります。あるいは、異なる社会的文脈に置かれると、私たちの問いも必然的に異なってきます。

　それこそがたとえば、第三世界の貧しい人々が経験した抑圧のなかから生まれた解放の神学が、第一世界の神学ととても異なる神学的焦点を持っているゆえんです。後者が相対主義に特徴づけられた世界における、意味の問題に関心があるとすれば、第三世界の神学は、抑圧と貧困とに直面するなかでの、解放に関心があります。

　別の言い方をすれば、第一世界の社会的状況が第三世界のそれにとってかなり異なる神学を生んだのは、その関心が異なっていたからです(5)。第一世界の神学はかなりの部分が、理性が信仰と啓示に取って代わる啓蒙主義への応答であり続けています。かたや第三世界での差し迫った課題は理性の問題ではなく、貧困と不正の世界でどう生き残るかでした。

　その結果、異なる神学的テーマが第三世界からいくつも生まれました。その最も根本的なテーマは、神は哲学的に抽象化され、永遠や全知ばかり大事にする神ではなく、人間の土俵に立ち、貧しい者の側に立って人間を解放

する神だ、というものです。この解放は単なる霊的変容だけでなく、社会的現実をも含んでいます。出エジプト的テーマが、解放の神学の重要なパラダイムであるゆえんです。[6] 解放の神学を激しく批判する人でさえ、第三世界の聖書の読み直しが、「地に呪われたる者」〔ポストコロニアル理論の先駆者と目されるフランツ・ファノンの著作タイトル〕の視点から、神は貧しい者のために心を砕かれる、という新しい理解を切り開いたことを認めるでしょう。

けれども、私が提唱しているダイナミックで解釈学的なアプローチは、私たちの時代的な関心によって聖書を操作したり支配したりするものではありません。そこが、聖書の地平を現代的地平が規定してしまった旧き自由主義のアプローチと大きく異なるところです。

旧き自由主義は聖書を低く見積もり、近代的進歩を高く見積もりましたが、それは重大な変革がどのように起こりうるかに関して、あまりに楽観的でした。それは社会的変革を、神の国と実質的に同一視していました。それゆえ、聖書が呼びかけるラディカルな回心と霊的変容を最小限に評価していました。その結果、聖書の超自然主義を軽んじ、それを近代的価値観に照らして判断しました。私が提唱している聖書理解の仕方は、そのようなことを勧めるものではありません。それは、ヒューマニスティックな楽観主義と、私たちの地平が聖書を支配できるという発想のいずれも認めません。したがってその方向性は、旧き自由主義のそれとまったく逆です。私たちの置かれた地平は新しい問いを呼び起こしますが、それに答えを与えるのはあくまでも聖書です。

この二つの地平の相互作用にまつわる一例を、短くご紹介しましょう。数世紀前、女性の問題はそもそも問題にすらなっていませんでした。女性の服従的な役割は、社会と教会の両方で受け入れられていました。19世紀末以来、またとくに1960年代以来、女性の地位にまつわる画期的な転換が起こってきました。この社会的地平の転換をうけて、聖書学者たちや神学者たちは、

聖書が女性について何と言っているのか見直すことを迫られました。数十年にわたる研究ののち、聖書は女性の地位について、当初考えられていたよりはるかに肯定的な視点を持っているという実像が浮かび上がってきました。

　いやそれはむしろ、私が立証しようとしていることの反証ではないか、と異議が出るかもしれません。それでは聖書が現代的な考え方に服しているではないか、と。そこで優位にあるのは、現代的地平であって、聖書の地平ではないだろう、と。しかし、そのようなことは起こっていないと思います。私たちの社会的地平の変化によって、学者たちは女性問題について新しい問いを聖書に問うことを迫られましたが、よりバランスのとれた女性の見方についての答えは、聖書そのものから出てきました。女性も男性も神の似姿に創られ、被造世界を治める任務を帯びているという創世記の強調から、イエス運動とパウロのミニストリーにおける女性たちの役割に至るまで、キリストにおいて女性は、男性と対等な地位を享受しているという強力な証拠があります。

　要するに、私たちの時代的地平から出てくる新しい問いは、新しい答えに至ることがある、ということです。私たちの時代の現実から新しい問いを問うとき、聖書のなかにずっとありながらも隠され、あるいは無視されていた意味や視座が呼び起こされうるのです。

注

(1) 「ドイツミサと礼拝の順序 1526 年」、青山四郎訳、『ルター著作集』第 1 集 6、ルター著作集委員会編、聖文舎、1981 年。

(2) ウィラード・M・スワートリー『奴隷、安息日、女性――聖書解釈における難題』（未邦訳、Willard M. Swartley, *Slavery, Sabbath, War and Women: Case Issues in Biblical Interpretation*, Herald, 1983）を見よ。

(3) E・S・フィオレンツァ『彼女を記念して――フェミニスト神学によるキリスト教起源の再構築』、山口里子訳、日本キリスト教団出版局、2003 年を見よ。

(4) ハンス・ゲオルグ・ガダマー『真理と方法――哲学的解釈学の要綱』、轡田収訳、法政大学出版局、2000 年を見よ。

(5) ジョン・ソブリノ『真の教会と貧しき者』、未邦訳、John Sobrino, *The True Church and the Poor*, Orbis, 1984 を見よ。

(6) J・セヴェリノ・クロアット『出エジプト――自由の解釈学』（未邦訳、J. Severino Croatto, *Exodus: A Hermeneutics of Freedom*, Orbis, 1981）を見よ。

第7章 変革のヴィジョン
教会を変える新しい洞察とは何か

　本章で提示するヴィジョンが、本書の中心的テーマです。それは、現代社会が私たちに与えてくれる、私たち自身と教会についてのさまざまな理解から生まれたものであり、聖書についての新しい地平を開くものです。

〈人々のエンパワーメント〉

　トーマス・S・クーンの提示したパラダイム概念を用いて(1)、ここでの問題を次のように説明してみましょう。ある転換が私たちの時代的地平にすでに起こり始めており、教会の本質について私たちが新しい問いを問うことを迫っています。それは、人々のエンパワーメント（people empowerment）という課題です。

　エンパワーメントと言うと、ガンジーが牽引したインド独立大衆運動、マーティン・ルーサー・キング博士が牽引した米国黒人公民権運動、より最近では、マルコス独裁政権を崩壊させたフィリピンのエドゥサ革命などが想起されるかもしれません。

　しかし、人々のエンパワーメントは、それらの国民的一大事よりはるかに広範なものです。それは、多くの要因が重なって起こる結果なのです。

　エンパワーメントとは、哲学では、経験と理解との間に重要なつながりがあるという認識です。教育では、実践と学習との間につながりがあるという認識です。神学では、正統（正しい信念）と正道（正しい行い）の双方をますます重視するという流れです。共同体事業・開発事業では、自助と社会的変革と

の結びつきです。心理学の文献では、責任と成長とのつながりです。

　このまとめを完全に解き明かすには、ハンス・ゲオルク・ガダマーやポール・リクールのような著者たちが提起した哲学、パウロ・フレイルのような人々の教育的戦略、解放の神学、黒人神学、フェミニスト神学などの現代神学、「変容のための訓練」のような共同体研究、またロロ・メイのような著者たちの心理学が提起してきた大議論に当たらねばならないでしょう。そのような議論は、教会の変革に焦点を当てる本書の域を大幅にはみ出してしまいます。とはいえ、多少の説明は必要でしょう。

　人々のエンパワーメントの核心には、次のような懸念があります。私たちの生きる現代世界は、官僚主義とテクノロジー、またそれに付随した構造、手続き、専門家に重きを置くことで、個々人の正当な役割を弱めてきたのではないか。人権と機会均等の美辞麗句はあれど、人々は今日この世界にあって、気がつくと強大な経済的、社会・政治的諸力の犠牲者になっています。トム・ウルフの小説『虚栄の篝火(かがりび)』の物語で最も痛烈に描かれ、ジャック・エリュールの『テクノロジーの虚勢』でより哲学的に解説されたとおりです。(2)

　ここで述べる個々人の正当な役割についての関心は、旧き西洋個人主義ではありません。あるいは、1960年代に見られた若者文化的な自由への関心でもありません。(3) この関心の高まりは、それらとかなり異なるものです。かつての対抗文化的な若者運動の焦点は、消費社会の束縛と誤った価値観からの自由でしたが、ここでは責任への自由が強調されます。簡潔に言えば、焦点は人々が完全に人間らしくなることにあり、それは人々が自分たちの生活と選択への責任を持つときに可能となります。人々を依存的なままにしておくことは、彼(女)らの完全な人間性を弱めることになるのです。

　哲学、教育、共同体事業に共通する強調点と、それぞれ別個のニュアンスは、次のような一つの具体的テーマに集約できるでしょう。どのように人々

はエンパワーされ、責任感を持って自らの生活をよりよく統制できるようになり、したがって外からの統制や専門家による保護に依存しなくなっていけるのか。

　このテーマは、ユートピア的でもなければアナーキスト的でもありません。体制のない世界を思い描いているのでもなく、特定の体制の転覆を呼びかけるものでもありません。呼びかけているのは、それらの変容です。それが想定しているのは一つの成長過程で、一方（責任に向かわせるエンパワーメント）の達成度が上がれば、それに反比例して他方（庇護体制）が弱くなっていくことです。教会に関してこのことが意味するのは、たとえば、自分たちこそ教会であるという責任感の強さに反比例して、組織体制への依存度が小さくなっていく、ということです。

　教会外の領域の例を用いて、それがどのように起こるかを説明しましょう。障害を持った人々が、ケアと統制の医療モデルに基づいた制度的状況から離れ、共同生活に向けて訓練されるとき、彼（女）らは自分たちの生活により大きな責任感を持てます。それは旧い自由至上主義でもなければ、それが夢見た責任からの自由でもありません。その真逆である、責任への自由というヴィジョンです。

　このモティーフとそれに付随する問いを持って聖書に臨むとき、私たちは嬉しい驚きを味わいます。聖書も人々のエンパワーメントについて、また体制・システム依存から抜け出すことについて心当たりがあるからです。これから見ていくように、それは私たちが教会を実践する上でさまざまな示唆を与えるものです。

■ 聖書が示す人々のエンパワーメント ■

　ここでは、人々のエンパワーメントという新しい洞察の神学を試みるべく一

つの枠組みを提示しますが、そのために、聖書に出てくる多くのテーマとこの神学を結びつけてみたいと思います。とはいえ、この試みは網羅的ではありません。

〈統制はキリストにあるラディカルな自由に置き換えられる〉

人々のエンパワーメントというテーマをまとめるポイントは、パウロの次の主張にあります。すなわち、私たちはもはや「後見人や管理者の下」にもいなければ、「この世の幼稚な教えの下」にもいません。それは、キリスト・イエスにあって、私たちが神の息子・娘という立場を相続したゆえです（ガラテヤ4:1-7）。

パウロのこの力強いまとめは、いくらかの解説を要します。パウロは、私たちは律法主義を超えて生きるだけでなく、もはや世の堕落した体制やシステムに隷属してもいないと理解しています。

キリストの力によって自由にされたキリスト者は旧約聖書の道徳原理を捨て去る、という意味ではありません。むしろ、キリスト者はそれらの原理を超越している、というのです。キリスト者は、隣人を殺さないだけでなく、敵を愛するよう動機づけられています(ローマ12:20)。そのようなラディカルな道徳は、システムや体制を超えます。それは法律化しえません。しかしそれは、ラディカルな自由を、愛ある責任と奉仕に結び合わせた人が生きうるものです。

加えてこのことは、キリスト者が社会の無法者になる、という意味でもありません。キリスト者はいつも二つの共同体、すなわち信仰共同体と各人が属する国の社会・政治的秩序の構成員です。しかし前者の価値観が後者の価値観に優先します。キリスト者は本質的に変革の媒介者です。よりラディカルに言えば、キリスト者はその本質において転覆活動家（サブヴァーシヴ）です。キリスト者は地に塩を、世に光をもたらす者として、自分の属する社会・政治的秩序を

変容し、その秩序がより完全に神の国の価値観に従うようになることを求めます。そのように生きるとは、現在の体制やシステムの絶対性を超えて生きることです。キリストにおけるこのラディカルな自由の概念こそ（ガラテヤ 5:1）、人々のエンパワーメントという考え方を支えるものであり、また人生を変え、社会を変えうるメッセージをキリスト教に付与してきたものです。

　しかし、人々のエンパワーメントというテーマは、新約聖書から選んだ数箇所のみに基づいて構築されるわけではありません。このテーマに関しては、旧約聖書もまた非常に教育的です。

　旧約聖書には、この神学的テーマを展開するにふさわしいと思われる出発点がいくつもありますが、そのなかで最も基本的なものは、イスラエルの経験した悲惨な王政です。それは、庇護体制がおそろしく間違った方向に行ってしまった古典的な一例です。イスラエルは王政以前の部族連合と、危機時には神の霊を受けた人物による暫定的指導のもとで団結するというやり方を、無力だと見なしました。そして、他の国々のような王を欲しがりました（申命 17:14-20）。

　注意深い抑制と均衡によって王自身が法になることなく、神の律法に服し続けるよう目指し（申命 17:19）、サムエルが警告したにもかかわらず、イスラエルは王政への道に固執しました。

　第一サムエル記 8 章 11〜18 節でサムエルは、王政の致命的結果をこの上なくはっきりと示しました。

> あなたがたを治める王の権利はこうだ。王はあなたがたの息子をとり、彼らを自分の戦車や馬に乗せ、自分の戦車の前を走らせる。自分のために彼らを千人隊の長、五十人隊の長として、自分の耕地を耕させ、自分の刈り入れに従事させ、武具や、戦車の部品をつくらせる。あなたが

たの娘をとり、香料づくりとし、料理女とし、パン焼き女とする。あなたがたの畑や、ぶどう畑や、オリーブ畑の良い所を取り上げて、自分の家来たちに与える。あなたがたの穀物とぶどうの十分の一を取り、それを自分の宦官や家来たちに与える。あなたがたの奴隷や、女奴隷、それに最もすぐれた若者や、ろばを取り、自分の仕事をさせる。あなたがたの羊の群れの十分の一を取り、あなたがたは王の奴隷となる。その日になって、あなたがたが、自分たちに選んだ王ゆえに、助けを求めて叫んでも、その日、〈主〉はあなたがたに答えてくださらない。

　これらの警告を聞かなかったのは、イスラエルだけではありませんでした。そののちに続くさまざまな社会も、マックス・ヴェーバーが指摘したように、似たような道を歩みました。その動きはより強力な組織的統制、より強力な統治的干渉、技術的エリート層の発展へと向かっていきました。⁽⁴⁾

　王政に向かうイスラエルの行進は、それまでの部族体系のもとでのはるかに民衆参加型だった体制を破壊しただけでなく（申命1:15-18）、人々を階層化し、差別と貧富の差を生み出すことになり、それゆえ預言者たちの批判の的になりました（イザヤ10:1-4、アモス5:7-27）。

　コンラート・ボールマが明確に指摘したように、王政は単なる一つの新しい政治体制を意味したのではありません。それは一つの新しい社会的現実を生み出しました。王政と共にまったく新しい商業的エリートが台頭したため、部族・家族の土地を基盤とするラディカルな平等主義はやがて損なわれていきました。このエリート主義は搾取と不正をもたらしました。預言者たちはまさに、このことを悔い改めるべきだと呼びかけたのです。⁽⁵⁾

　なかには例外もありましたが（II列王14:3）、イスラエルの王政経験の中心にずっと流れていたのは、王は「父がかつて犯したすべての罪を行い……」（I

列王 15:3) という哀れなリフレインでした。理想の王は正義をもって民を裁くはずでしたが (箴言 29:14)、現実には正義の裁きは〈主〉からのみ下されました (箴言 29:26)。

庇護体制はこのようにひどく破綻しました。王権支配体制は権力を乱用し、王たちは民を路頭に迷わせ、神の民の牧者としての聖なる信頼を悪用しました。その結果、預言者たちはこれまでと大きく違う未来を期待するようになりました。ダビデ王家による支配の永続性のヴィジョンは、来るべきメシアの僕（しもべ）としての役割のヴィジョンに変化していきました（イザヤ 42:1-7）。

言い換えれば、預言者たちの描いた未来のヴィジョンは、再建された王政ではなかったのです。この庇護体制は完全に失敗しました。それに代わるヴィジョンは、イザヤが告げた苦難の僕（しもべ）の到来をとおして起こる変容でした。旧き支配体制への期待は、贖いと解放というテーマに取って代えられました（イザヤ 53:1-12、61:1-6）。未来の希望は新しい体制にではなく、変えられた民、すなわち赦され、癒され、そして神の霊が注がれた民の姿に託されました。

さらに、新しいヴィジョンがあらわされました。祭司と王の役割のように制度化された権力の諸形態に代わるものが与えられる。イスラエルの庇護者たちだけでなく、すべての神の民が神の霊によって力を受ける日が来る、というのです（ヨエル 3:1-2）。

旧約聖書は王権支配に対する内部からの批判を含んでいますが、新約聖書も庇護体制に対するもう一つの批判をしかけています。祭司制度と律法に対してです。ガラテヤ書 5 章 1〜18 節におけるパウロの庇護体制批判は、とりわけ律法と、それが救いと真の自由を与ええないことに焦点を当てています。

しかしパウロの批判は、祭司的な庇護体制を否定するだけに留まりません。彼は人々をとらわれの身にするあらゆるシステムと体制に向かって、徹底的な批判をしかけます。人々は「この世の幼稚な教えの下に奴隷となっていました」

とパウロは語ります（ガラテヤ4:3）。あらゆる権威、システム、体制は、「天にあるもの、地にあるもの」もキリストによって、もともと善きものとして創られたことを認めつつも（コロサイ1:15）、それらは〈堕落〉の影響下にあります。そういうわけで、人間の支配体制、イデオロギー、体制のすべての形態は、人間の罪深さの歪んだ現実で染められているのです。

ジャック・エリュールが指摘するように、〈堕落〉は個々人にのみ影響を及ぼしたのではありません(6)。それは「滅びの束縛」の状態であり、「神の子どもたちの栄光の自由」を待望する被造世界全体にも影響を及ぼしています（ローマ8:20、21）。さらに〈堕落〉は、私たちが創り出した経済、政治体制を含む人間の体制のすべてに影響を及ぼしました。これらのシステムは私たちを守護するのだと主張します。しかし、私たちに仕えるはずのこれらのシステムが、むしろ私たちを搾取するという事態は日常茶飯事です。こうしたことを聞くと、ファシズムや共産主義の歪んだ権力がすぐに思い浮かぶかもしれませんが、すでに受け入れられているイデオロギーや諸制度が広める、もっと巧妙な逸脱を見逃してはなりません。そのことは、たとえば西洋世界に存在する二重正義、すなわち富める者を無罪にし、貧しき者を有罪にする「正義」を考えてみても明らかです。

私たち人間は、自分たちに都合のよい哲学、システム、制度を生み出すことに長けており、これらが永久に保証されているかのように期待を抱かせます。しかし最終的に省みてみれば、それらは約束どおり実行されず、実際はジェスチャーゲームでしかありません。それらの愚かしさ、上手くカモフラージュされた邪悪な意図が、この上なく見事に証明されたシーンがあります。エルサレムの祭司たちがローマ帝国の政治システムと手を組み、イエス・キリストの人格において新しい人間のあるべき姿を示された神を亡き者にしたことです。それゆえ、パウロは大胆にこう宣言しました。「神は、キリストにおいて、

すべての支配と権威の武装を解除してさらしものとし、彼らを捕虜として凱旋の行列に加えられました」（コロサイ 2:15）。

　別の言い方をしてみましょう。祭司と政治家による庇護体制が、庇護すべき人々に対する聖なる義務を果たせなかったときがあるとすれば、それは彼らが神の子を磔にしたときです。彼らは、新しいいのちとまったく新しい生の倫理をもたらすために来られた、その人物を亡き者にしようとしました。

　キリスト者は世から退避すべきではなく、むしろ世の変容のために能動的に関わるべきです。とはいえキリスト者は、堅実で批判的な態度をもって、すべての社会システムや制度に向き合うべきでもあります。それらは、人々を助けることを自負しながら、自分たち自身を助けていることがあまりに多いのです。旧約聖書に描かれる王たちの庇護体制はこのようにして、その後に続く政治的、経済的、宗教的な諸体制の破綻を象徴しています。

〈体制は人と人との関係に置き換えられる〉

　新約聖書は、当時の政治的・宗教的庇護体制のどちらも棄却しつつ、一つの新しい社会的秩序を築きます。そこではそれらの体制が、キリスト・イエスにある同じ信仰に基づいた、人と人との関係に置き換えられます。この新しい関係性は、旧来の人種的、文化的境界、また経済的、性差的差別を吹き飛ばすだけでなく、労り合い、励まし合い、経済的に分かち合う共同体を生み出します（ローマ 15:1-6、Ⅱコリント 8:13-15）。加えて、キリスト・イエスにあるこの共なる生活は、本質的に反制度的です。

　「イエスは神の国に関心があり、初期キリスト教は教会に関心があった」とか、「イエスが運動を始め、パウロが制度を創設した」という無益なスローガンに逃げることも可能ですが、それは私たちにとって大して参考にはなりません。参考になるのは、紀元1世紀の初期キリスト教共同体が、私たちが教会

と呼ぶ現代の制度と似ても似つかないものだったという認識です。それは、人々の家々で開かれる交わりの群れのようなものでした。分かりやすく言えば、初期キリスト教共同体は一つの制度的現実というより、イエス・キリストという人格を中心とした兄弟姉妹の関係でした。

　また新約聖書は、この新しいイエス運動の体制的、経済的、社会的意味を詳しく説明しようともしていません。具体的な政治理論を展開してもいなければ、社会的・経済的な大変革のための基盤を打ち立ててもいません。自分たちの共同生活の具体的輪郭を示してもいません。エルサレム教会やパウロの家の教会といったいくつかの教会のモデルを、大まかに知りうるくらいです。そこでも特定のモデルの形式的、体制的意味が詳しく説明されることはありません。

　新約聖書はもっぱら、キリストにある新しい関係とキリスト者たちの共なる生活の分かち合いに関心があったようです。そのようなわけで、教会の形式的体制よりも、愛、労り合い、励まし、支援、分かち合い、仕えることが重んじられました。事実、初期キリスト教共同体の人々の姿勢は、計画的というより終末的であり、世に生きながら世に支配されないようにと人々に呼びかけていました。なぜなら、「この世の有様は過ぎ去るからです」（Ⅰコリント7:29-31）。

　だからといって、キリスト者が世の状態に無関心だということにはなりません。世に意思決定を任せない、ということです。キリスト者はイエスの神的な強情さによって生きます。そこには、世の体制やシステムを疑うことも含まれるでしょう。

　以上の議論に照らして、第二ヴァチカン公会議以前のローマカトリック教会の思想と、宗教改革の教会神学を見ていく必要があるでしょう。両者ともさまざまな意味で、庇護モデルを楽観視してきたからです。

　ヨーロッパ中世時代、王的様式と祭司的様式は、神の名において社会を

守ると言って結託するようになりました。教会と国家は聖なる同盟関係にあり、聖書と剣が社会の二本柱でした。教会は対抗的共同体たりえないばかりか、むしろ諸国の支配者であり、さもなければ国家の手下でした。

　この時代のすべてが悪かったということでは決してありません。教会は少なくとも、社会全体を包括する神学と倫理を発展させねばなりませんでした。当時の教会にとって、偏狭な神学や、個人的道徳に終始するばかりで社会的道徳のヴィジョンを示せないような倫理では、まったく役に立ちませんでした。しかし当時の教会は、人々をエンパワーするヴィジョンを打ち立てられませんでした。むしろ、教会階層の権力と統制を発展させ、教会の制度的側面を強化しました。

　宗教改革期の諸教会はもっと上手くやったかと言えば、そうではありません。ルターはドイツ諸侯と手を組み、国教会を形成しました。カルヴァンは国家の役割を強調するあまり、官憲の任務は神からの特別な召命であり、牧師のそれと似ていると考えました。宗教改革期の諸教会はまた、教会の制度的性質と役割を強調し、キリスト教的価値観の名において社会を「管理する」というキリスト者の役割を推奨しました。たとえばオランダのような国の改革派教会は、世での役割を果たす人々を訓練すべく、キリスト教学校を推奨し、神のことばに照らして社会を「支配」すべく、キリスト教政党の形成を推奨しました。

　現代のカトリック教会やプロテスタント教会は、自らの支配的役割についてもはやまったく楽観的でいられなくなりました（今日の再建主義者たちはこの楽観主義を保っているものの）。多元的な時代にあって、またとくに西洋ではすでにマイノリティとなっているにもかかわらず、教会はそれでもなお個々人のニーズを自らの制度のニーズに服させようと躍起です。人々が教会の体制、プログラム、優先事項に合わせているのです。神の民自身がよりふさわしい

体制、プログラム、優先事項を生み出す、ということにはまったくなっていません。

　庇護体制という発想は、聖書に根拠がないばかりでなく、教会のシステムを含め、私たちの生み出すどのシステムにも浸透した構造悪の本質をじゅうぶんに分析しません。

　このまとめをもう少し違う角度から説明してみましょう。旧約聖書自体は王政と祭司制の挫折を示唆していますが、新約聖書はもはや庇護体制そのものを信用していません。むしろ、特定の制度的体制より関係性を大事なものとして、新しい兄弟姉妹関係を推奨しています。

　しかしさらに重要なのは、新約聖書が堕落した諸力についての教えをとおして、私たちの生み出す体制に批判を投げかけていることです（エフェソ6:12、コロサイ2:13-15）。これらの堕落した諸力とは、堕落した天使や悪魔のことだけではありません。私たちの生み出すイデオロギーや政治的・社会的諸制度の堕落性とも関係があります。そこには私たちの宗教的諸システムも含まれます。(9)

　高度に体制化した教会の体質、また教会が採り入れた世俗的マネージメントの原則については、いまのところ楽観的に受け止められていますが、それでは制度的「暴力」の現実を認識できません。制度は、自己永続化・自己維持の原理に則って特定の体制と文化を生み出し、異議申し立てと変革の可能性があればすぐさま抑制します。その結果、人々が疎外され、「犠牲」になっても、制度は生き残るようになっているのです。

　ローマカトリック教会の「庇護体制」モデル、また社会を「管理」しようと試みた宗教改革期の教会よりはるかに新約聖書の教会のイメージに近いのが、再洗礼派の対抗的共同体としての教会モデルです。

　再洗礼派を理想化するつもりはありませんが、学ぶことは多くあります。再

洗礼派は徹底的に庇護体制モデルを拒みました。教会が社会を支配するのではありません。むしろ僕(しもべ)たるべきなのです。こうした考え方の帰結として、再洗礼派は教会と国家の分離を主張しました。また、教会の制度的現実よりも、共同体的性質を強調しました。⁽¹⁰⁾

〈少数が責任を負う教会は、全員が責任を負う教会に置き換えられる〉

　このことは私たちの教会理解において、重大な意味を持っています。これまで私たちは新約聖書のなかに、反体制的・反制度的なモチーフを見い出してきました。それは諸権威や諸権力が堕落した性質を帯びている、という前提に基づくものでした。私たちはまた、初期キリスト教が祭司的な庇護体制を棄却したのち、そこに独自の制度的モデルを置くのではなく、キリストにある共同生活の分かち合いに基づく、人と人との関係性を重視するあり方を選んできたことに気づきました。すなわち、キリストにある贖いは、旧き庇護体制を贖うのではなく、新しい社会性のあり方を呼びかけるものなのです。

　新約聖書のなかには（ただし牧会書簡を除く。それらは２、３世紀の教会の制度化重視傾向をすでに反映している）、この命題を補強するサブテーマが多くあります。新約聖書が称揚しているのは、強き者、賢き者、成熟した者が私たちの生活を守り導くべきだという暗黙の庇護体制的な考え方ではなく、人々のエンパワーメントという考え方です。キリストの救いによって新しい自己を着た人々は、共同の兄弟姉妹関係に引き入れられ、労り合い、分かち合う関係に基づき、自分たち自身の生き方に対する責任を引き受けます。また、世にあって変革の担い手になろうと願い、その責任を引き受けます。

　その帰結として新約聖書は、みなが聖霊によってエンパワーされ、賜物を受け、キリストのからだにおいてそれぞれ担うべき役割を持つことを強調します（Ｉコリント 12-14 章、ローマ 12 章）。

パウロはⅠコリント12章で、「みなの益となるために、おのおのに御霊の現れが与えられているのです」(7節)と強調し、「からだはただ一つの器官ではなく、多くの器官から成っています」(14節)と続けます。さらに教会は、階層的体制や社会的文化によって特徴づけられたほかの社会制度と、次のような意味で異なると言います。すなわち、「神は、劣ったところをことさらに尊んで、からだをこのように調和させてくださったのです。それは、からだの中に分裂がなく、各部分が互いにいたわり合うためです」(24-25節)。

また初期教会では、役職や立場よりも役割や働きが重視されました。パウロはローマ書12章4～8節のなかで、次のように強調します。

> 一つのからだには多くの器官があって、すべての器官が同じ働きはしないのと同じように、大ぜいいる私たちも、キリストにあって一つのからだであり、ひとりひとり互いに器官なのです。私たちは、与えられた恵みに従って、異なった賜物を持っているので、もしそれが預言であれば、その信仰に応じて預言しなさい。奉仕であれば奉仕し、教える人であれば教えなさい。勧めをする人であれば勧め、分け与える人は惜しまずに分け与え、指導する人は熱心に指導し、慈善を行う人は喜んでそれをしなさい。

新約聖書は、教会の体制について詳しく説明していませんが、労り合う関係についてはこと細かに描いています。パウロ書簡の至るところに、互いに愛し合い、仕え合い、労り合い、支え合うようにという勧めが出てきます(ローマ 14:19、15:7、ガラテヤ 6:2、6:10、エフェソ 5:21、コロサイ 3:12-17)。権力関係は、仕える者が上に立つという原則に意図的に変えられています。マルコ10章42～45節には、次のようなイエスのことばが出てきます。

> あなたがたも知っているとおり、異邦人の支配者と認められた者たちは彼らを支配し、また、偉い人たちは彼らの上に権力をふるいます。しかし、あなたがたの間では、そうでありません。あなたがたの間で偉くなりたいと思う者は、みなに仕える者になりなさい。あなたがたの間で人の先に立ちたいと思う者は、みなのしもべになりなさい。人の子が来たのも、仕えられるためではなく、かえって仕えるためであり、また、多くの人のための、贖いの代価として、自分のいのちを与えるためなのです。

それ以外では、教会体制を生み出すことではなく、家族的な関係が重視されています（使徒2:46、16:15）。それは新約聖書が、「キリストのからだ」「信仰の家族」なる教会を強調するとき、とくに前面に出てきます。

このことが意味するのは、祭司と祭壇、牧師と講壇も、キリストのからだなる教会という新約聖書のヴィジョンにとって本質的ではない、ということです。これはラディカルな気づきです。フルタイムのプロの聖職者という近代的な考えは、新約聖書の精神と無縁なだけでなく、近代の制度化された教会は、新約聖書の思い描いた共なる生活のパロディですらあるのです。キリスト者は、いつでもどこでも集まることができます。聖書に聴く、祈る、賛美する、お互いに助け合い、励まし合う、パンを割く、洗礼を授け、世に仕えるという目的のために。そのために必要なのは、立場ではなく、働きに基づいたリーダーシップです。

言い換えれば、新約聖書の教会は、制度というより家族です。それがなぜ、今日の私たちにとって重要なのでしょうか。そのおもな理由は、多くの制度が、庇護体制モデルに則って動いていることにあります。そうした体制は人々に対して、あなたたちの益になるのだからと言って、あれこれの商品やサービスを制御し、決定します。しかし、人々の手に真の権力と責任を託そうとはしません。

これまで論じてきた、ラディカルに脱制度化した共なる生活の形は、それぞれが役割を果たし、神の民すべてに、教会であることの責任を委ねます。その責任を互いに担い合うことこそ、神の民をエンパワーして成長させ、ミニストリーへと押し出します。なぜなら、私たちを都合よく運んでくれる庇護者、聖職者、専門家、体制への依存が取り去られるからです。

　本章では、人々のエンパワーメントという現代的な問いを聖書に問いかけてきました。それだけが教会の性質に関わる差し迫った問いというわけではありませんが、一つの重要な問いではあります。本章ではこの人々のエンパワーメントを、教会を理解する一つの鍵モチーフとして聖書から一つ一つ釈義的なイメージを提示しませんでした。それをすれば、本書は専門用語に溢れたぶ厚い本になってしまうからです。しかし、今日ますます差し迫った問題である人々のエンパワーメントという課題は、聖書と無縁なものではありません。事実、人々のエンパワーメントは聖書的モチーフであり、庇護体制を批判し、人々こそキリストのからだ、と強調します。

　次の段階では、このオルタナティブな教会理解が、実践的にどういう意味を持つかを模索し、その実現可能なあり方を提案します。

注

(1) トーマス・クーン『科学革命の構造』、中山茂訳、みすず書房、1971年。

(2) 未邦訳、Jacques Ellul, *The Technological Bluff*, Eerdmans, 1990.

(3) シアドア・ローザック『対抗文化の思想――若者は何を創りだすか』、稲見芳勝・風間禎三郎訳、ダイヤモンド現代選書、ダイヤモンド社、1972年参照。

(4) マックス・ウェーバー『支配の社会学』、世良晃志郎訳、創文社、1962年。

(5) コンラッド・ボールマ『富める者、貧しき者と聖書』、未邦訳、Conrad Boerma, *The Rich, the Poor, and the Bible*, Westminster, 1978.

(6) ジャック・エリュール『自由の倫理学』、未邦訳、Jacques Ellul, *The Ethics of Freedom*, Eerdmans, 1976.

(7) ジャック・エリュール『新しき悪魔たち』、未邦訳、Jacques Ellul, *The New Demons*, Seabury, 1975.

(8) ウィレム・バルケ『カルヴァンとアナバプティスト急進派』、未邦訳、Willem Balke, *Calvin and the Anabaptist Radicals*, Eerdmans, 1981.

(9) ウォルター・ウィンク『権力の仮面をはぐ――存在を規定する見えざる諸力』、未邦訳、Walter Wink, *Unmasking the Powers: The Invisible Forces that Determine Existence*, Fortress, 1986.

(10) レナード・ヴァードゥイン『改革者たちとその継子たち』、未邦訳、Leonard Verduin, *The Reformers and their Stepchildren*, Eerdmans, 1964.

第8章 ヴィジョンを実行に移す
人々のエンパワーメントはどのように実現されるのか

　人々のエンパワーメントモデルの実践的な意味合いを検討するに際して、まず確認しておくべきことがあります。多くのキリスト者は、エンパワーメントが容易に達成されるような文脈に置かれて・い・な・い、ということです。彼（女）らが経験しているのはむしろ、より伝統的な教会のあり方です。

　大都市中心部に住む多くの人にとって、それは日曜日に車を何キロも走らせてお気に入りの大教会に行くことを意味します。こうした教会はたいていプログラム中心で、「セレモニー」の初めから終わりまでが演壇上で入念に遂行され、参加者にとって利益があり徳を高めるひとときになっています。その感覚は、コンサート、市民集会、観劇に行くのとさほど変わりません。教会で賛美歌を歌うときなどは、もう少し参加型ではありますが。このタイプの教会とコンサートの似ている点は、両者ともパフォーマンス中心で、人々は特定のセレモニーを楽しみ、利益に与(あずか)るためやってくることです。

　こうした教会のあり方は、重視するものが聖餐式であれ、典礼であれ、説教であれ、カリスマティックな賛美であれ、特定のサービスが宗教的専門家たちによって人々に提供されるという前提に則って運営されています。そこに出席する人々はセレモニー全体に貢献することもなく、そこにいる他の人々との連帯感も経験できません。パフォーマンスの雰囲気に浸れても、その日曜日に教会で起こる出来事に重要な貢献をすることはありません。参加者というよりは、観客です。人々にとって教会とは、セレモニーという手段をとおして

生起するものです。しかし、自分たち自身が教会であることを実行してはいないのです。

以上のことと関連するパフォーマンス中心型イベントの難点は、人々がそこに来て、またそこから帰る、ということにあります。そこには互いに意味あるレベルでつながりを築く機会がほとんどありません。もっと悪い見方をすれば、これはキリスト教版カフェテリアのスタイルで、「霊的」フードをさっと食べて、それから家に帰るようなものです。

教会に通う人々の連帯感欠如を埋めるために、週日に集まるセルグループや牧会ケアグループの形成が試みられているのは、この問題が認識されているからでしょう。しかしそれでは、意味ある全面的解決からほど遠いのです。

このアプローチはしばしば失敗しますが、それにはいくつか理由があります。第一に、週日のグループに参加しているのは一部の教会員だけだからです。第二に、この集会はしばしばミニ礼拝になっているからです。第三に、毎日曜日の活動がいまだに教会の主要な位置を占めているからです。

しかし、こうしたものとはかなり異なる形で教会を経験している少数派のキリスト者もいます。たとえば、意図的共同体（インテンショナル・コミュニティ）、キリスト教基礎共同体、家の教会のメンバーなどがそうでしょう。こうしたオルタナティブな教会のあり方は、形はそれぞれ異なれど、同じ精神を共有しています。この精神の鍵となるのは、人々こそが教会であり、その形態、生活、ミニストリーに責任を負うという理想です。人々が実際に決定し、それを成し遂げる責任を負うのです。以下では、これら三つの教会モデルを順に見ていきましょう。（ここで留意すべきは、オルタナティブな教会モデルは、ここで扱いきれないほど多くあるということです。たとえば地域教会運動には、人々をエンパワーする特徴が多くあります。）

意図的キリスト者共同体とは、共通の目的や生き方を分かち合うことを約束、あるいは契約し、何らかの形で生き方を共有し、そこで共に生活をする人々

のことを言います。すぐ頭に思い浮かぶのは、『刑事ジョン・ブック 目撃者』というドラマティックな映画で広く知られるようになった、米国のペンシルベニア州に住むアーミシュでしょう。それと似たグループで、再洗礼派の流れを汲んでいるのが、同じく米国のブルーダーホフです。しかし、もっと現代的な、キリスト者による意図的共同体の例も多くあります。

　1970 年代、「ポスト・グリーン」や「コミュニティ・オブ・セレブレイション」は、英国でよく知られた共同体でした。「レバ・プレイス・フェローシップ」は、同じころ米国で有名になった数ある共同体の一つです。米国では、カトリック・カリスマ派の契約的共同体も同じく知られていました。オーストラリアにおけるこの形の共同体としては、「ハウス・オブ・ジェントル・バニップ」や「ハウス・オブ・フリーダム」がすぐに思い浮かびます。

　キリスト教基礎共同体の形式は、意図的共同体のそれとはまた違うものです。体制はそれほどはっきりしておらず、ある意味では、むしろ私たちが一般的にイメージする小さな交わりのグループに近い形で機能します。そうしたグループと異なる点は、連帯と共通のミニストリーがより重視されることです。キリスト教基礎共同体は、南米で生まれた貧しい者たちの教会と結びつけられることが多いですが、じつはそうした共同体は世界中で生まれています。

　キリスト教基礎共同体は、10〜30 人で構成された共同体で、そのなかで人々はキリストにある同じ信仰を共有し、霊的・実際的に労り合い、ご近所に共に仕えようと模索します。これは一つの新しい、独自の教会のあり方であり、聖書と典礼を中心に集まり、一般信徒のミニストリーを重視します。そのような共同体は参加型プロセスを活用し、自分たちの生活とミニストリーに関わることを自分たちで決定します。

　多くのカトリック基礎共同体のメンバーにとって、共同体への関わりは二重の経験に基づいています。第一は、制度的、典礼的、司祭的現実としての

教会です。第二は、互いに連帯し、同じ近所に住む人々としての教会です。(9)対照的に、プロテスタントが意図的共同体、基礎共同体、家の教会に関わる場合、これらの共同体は単独の、他とはっきり区別された教会のあり方をとる傾向にあります。

ローマカトリックとプロテスタントのこうした違いには、数多くの理由があります。その一つとして、カトリック教会は伝統的に多様性の上に構築されつつ、階層的・典礼的中心を保っています。他方プロテスタントは、画一性を教会の基礎とし、その結果として分派の原理をとるに至りました。

これがおそらく、オーストラリアの家の教会運動の（すべてではないが）多くが、プロテスタントの背景から出てきた一因でしょう。彼（女）らにとっては、家の教会こそが唯一の教会のあり方です。こうした家の教会のあり方は、キリスト教基礎共同体と似ている点も多くあります。しかし、家の教会が西洋の中流階級的現象なのに対し、キリスト教基礎共同体は第三世界の貧しい人々の間に広く浸透しています。

家の教会の鍵となる概念は次のようなものです。家族としての教会、霊的側面だけでない生活全般の分かち合い、信徒の重要な役割、賜物とミニストリーの分かち合い、そして、それらによってメンバー全員がキリスト者として成熟し、世での奉仕に押し出されていくこと、です。(10)

明らかなのは、意図的共同体、キリスト教基礎共同体、家の教会というこれら三つのオルタナティブな教会のあり方が、伝統的な教会のあり方よりもずっと人々のエンパワーメントモデルに近いことです。しかしそれらは、本書でこれまで提示してきたモデルと必ずしも同じものではありません。それらが実際的な労り合いと分かち合いの生活として現される連帯を重視し、人々を責任へとエンパワーするときには、このモデルと似ていると言えます。しかし、それらが専門家に先導されるに留まっていたり、あるいはその特定の体制こそ

唯一の教会のあり方だと強調したりするときには、似ても似つかないものになります。

　それはどういうことでしょうか。意図的キリスト者共同体のなかには、かなり権威主義的なリーダーシップ体制を発展させてきたものもあります。それと関連しますが、そのなかには感情的な安心感を求めて特定の形のキリスト者共同体に加わり、成熟し責任を負うまでに成長しない人々がいます。そうなると、人々は脆弱なまま、依存的なままになります。

　また、いくつかのオルタナティブな教会は、このやり方こそ、神の民であることをあらわす唯一のあり方だと喧伝します。このような発展の仕方は最も不幸なものです。この考え方の実質的な意味合いは、特定のやり方でキリスト者の共同の生き方を構築しなければ、あなたは基準以下のレベルで生きている、というものです。T・J・サクスビーは(11)、財産共有こそ教会のあり方の主要素だと強調し、極端とまでは言わずともその方向に動いています。

　一方、人々のエンパワーメントモデルは、特定のプロセスに焦点があるため、教会の多様な形が可能です。このモデルは、これぞ最高の形などというものはない、という考え方をとりわけ主張します。それは、体制よりプロセスが重要だからです。言い換えれば、問題は教会の理想型を見つけることではありません。焦点はむしろ、人々が責任を持つためにエンパワーされ、彼（女）らなりの共なる生活のあらわし方を見い出すことにあります。

　新約聖書の教会観には、鍵となる要素がいくつかあります。人々はキリストとの関係にあり、互いに連帯関係にあるべきこと、また、民の力を弱めることなく、あらゆる方法で神とお互いと世に仕えることです。人々のエンパワーメントモデルもまた次のことを強調します。すなわち、人々の成長には、キリストにおける、霊性における、人間性における成長がありますが、それらは人々が庇護者の支配下にある子どものようにではなく、責任感ある神の息子・娘

として扱われることに深く関わる、ということです。

したがってこのモデルは、家の教会のみが新約聖書的な教会のあり方だという見方を否定します。それは、次のような共同体の考え方も否定します。すなわち、人々がいつまでも専門家に導かれるままで、この巨大で邪悪な世から身を守るために築かれ、世に出ていく責任感を養うことのない共同体です。そのような「安全な」体制は、エンパワーメントよりも未熟さを生み出します。キリスト者共同体に加わることが安全・安心を感じるためだとなれば、その共同体がまた別の庇護体制になる可能性は高いのです。共同体が私のために決定してくれる、共同体が私の人生に意味を与えてくれる、共同体が私の人生の方向性と優先順位を整えてくれる。こうなってしまえば、エンパワーメントよりも依存を高めることになるのは明らかです。

しかしキリスト者のほとんどが、共同体や家の教会よりも伝統的な教会を経験しているとすれば、そのような人々はどのようにこの新しいモデルに移行していけるでしょうか。また、オルタナティブな教会に加わっていながらも、むしろそこで力を奪われるような状況に陥ってしまった人々にとって、このアプローチはどれほど有益でしょうか。

人々がこの新しいモデルに移行し始めるには、多くの要因がまとまらねばなりません。そのような認識がなければ、まさに愚の骨頂になってしまいます。多くの人はただ、伝統的な教会のあり方を自明とし、神が定めたものとして受け入れています。実際は私たちが、教会の人間的な面を形成する役割の一部を担っていることに気づくべきなのですが。加えて、伝統的な聖職者が、自らの立場を脅かしかねない教理を教えることはほとんど期待できません。それに、伝統的教会はとどのつまり、最も便利です。分かりやすく言えば、私たちはスーパーマーケットに溢れた現代世界のなかで、スーパーマーケット的キリスト教こそ自分たちにふさわしい、と考えるように形成されてきたのです。

しかしながら、こうした現実にもかかわらず、より神の民らしくある道を模索する旅を続けねばなりません。本章後半では、このヴィジョンを行動へと移す方法を提示していきます。

■ 大胆に問い、模索する ■

　人は慣れ親しんだものごとを変えようとしないものです。私たちはどうやら、変革よりも継続性を好むようです。

　ものごとが変わるためには、その出発点としてまず、人々の生活のなかで伝統の滑らかな流れに裂け目が入るような、何かが起こる必要があります。疎外や失望の経験、より良い道の模索、教会史上のラディカルな運動について知ること、聖書に新しい答えを求めること、これらの、そしてまたほかの多くの触媒が聖霊に用いられ、痛みを伴う模索が始まります。つまり、変革が一つの可能性となるのは、慣れ親しんだものがもはや信頼できなくなるときです。旧い選択肢がもう満足できないものになると、私たちは新しい問いと選択肢を模索し、ものごとを新しい視点から見始めます。

　新しきを求める多くの人々の模索は、残念ながらまさにその段階で終わってしまいます。伝統を問い直せば、自動的にオルタナティブなものが実現すると誤解しているからです。こうしたことは往々にして、ひどく勘違いされています。真に新しい答えやアプローチは、そうそう簡単に向こうからやってきません。また、旧きをふるい落とすことは、私たちが考える以上にずっと難しいのです。旧きは私たちの現在の価値体系の一部になっていて、それゆえ私たちの分別の一部であるため、そうとう執拗で頑固です。

　ピーター・バーガーの理論によると、私たちは外化（人間の精神的・身体的活動を世界へとはき出すことによる）から、客観化（特定の産物、システム、

プログラムを創出することによる）へと移行します。それから私たちは、自らつくったものが自らの主観的意識を形づくるまでにそれらを内在化し、これがものごと本来のあり方なのだと思い込みます。この外化―客観化―内在化理論(12)が正しいとすれば、ラディカルな変革はじつに難しい、ということになります。

　意義ある変革は難しい、というだけではありません。旧きを問えば難なく新しきの発見に至るわけでもありません。新しきを模索することはむしろ、誤解されること、さらに疎外されること、痛みを経験することへの誘いかもしれません。この痛みの経験が、すみやかに認識される必要があります。そうしないと、怒りと反動の沼地に沈んでしまうかもしれません。それだけでなく、オルタナティブなあり方を共に模索する他の人々に加わり、前進する必要があります。似た方向へと、すでに旅を進めている人々はいるものです。

　それはどういうことか、具体的に考えてみましょう。ある人が宗教的難民になりました。それは、教会が何らかの重要な点で変わろうとしなかったためだとしましょう。だからと言って、その人がすべての答えを持っているわけでないことは、言うまでもありません。それなのに、そのような人が疎外された立場で孤立したままであれば、新しきを見極め、建て上げるための知恵を教会に還元することは、なおさら難しくなります。そのような状況に陥ると、疎外され傷ついた人々が自らを守ることは、ほぼ不可能です。彼（女）らは本来、教会が新しいヴィジョンを形にする上で力になるはずですが、そのような機会を失ってしまいます。

　そのような人は、傷みと拒絶の経験を乗り越えるに留まらず、対抗的共同体、すなわち新しきを実現すべく葛藤している人々のグループを見つけることが必須です。そこで共に、新しい教会のあり方の模索ができるのです。

　この模索段階は、短期間でなく長期間確保されるべきです。この段階を、できるだけはやく終えようとするのが人間の常です。私たちはみな速やかに、

新しい確かさ、新しい安心にたどり着きたいと思うものです。しかしそれこそがまさに、変革の担い手のすぐ後に続いて官僚たちが出番を待っているゆえんです。なぜこうしたことが起こるのかについては、多くの、また異なる説明が可能でしょうが、エミール・デュルケームが提示した、人々はアノミー（無規範状態）が長く続く状態に耐えられない、という理論は洞察に富んでいます。私たちの世界は予測可能で、当たり前である必要があるのです。[13]

この段階は、曖昧さと共に生きる能力を要します。旧きの諸側面を棄却したはいいものの、新しきはいまだ形づくられている途中であり、文字どおり狭間で生きている状態です。さらに、旧いあり方が自らのシステムから次第に抜けていくよう、時間をたっぷりとる必要があります。その時間をとらないと、私たちは新しい体制のなかで旧いあり方を演じようとします。そして結局、実際には何も変わりません。

カリスマ派刷新運動の大半に起こったことが、そのような現象の好例です。それらの運動は、教会の面（おもて）を変革すると約束しました。しかし、旧い体制、階層、優先順位は保持したままです。あいかわらずの旧い依存関係を助長して、信徒をエンパワーせず、教会としての、また神から世に遣わされた希望と変革の担い手としての責任を負わせないようにしてきました。事実、カリスマ派の刷新運動は、聖職者の役割を強調するあまり、実質的に祭司的役割を復権させてしまいました。その役割は、祭壇上にいるという意味よりも、神と人との間の仲介的代弁者という意味で理解されています。個々人に聖霊の力と賜物が与えられていることを強調した教会刷新運動は皮肉にも、責任において人々を疎外させたままにしました。ここでは新しきの約束にもかかわらず、かえって旧きが再び自己主張してしまいました。カリスマ派刷新運動は初めのうち一体性を重視したものの、それはすぐに地域教会のリーダーシップ重視に入れ替わってしまったことが、その歴史を振り返ると見えてきます。一体性を

重視したものの、それはあまりに制御不能なことでした。

　新しきのうちに旧きを再生産する危険性に抗わねばなりません。旧きのうちにあるいくつかのことはやがて片が付くでしょうが、それらをのちにまた引っぱり出して向き合う必要が出てくることもあります。このように、模索の必要性は私たちの側に引き続き残ります。思い切って旧きを問い、そして新しい可能性を模索するときにこそ、エンパワーメントは始まります。旧きを問うのは脱構築の作業で、新しきの模索は再構築の作業です。

　再構築の仕事は、聖書を現代の現実に照らして批判的に読み直すことから始めうる、と前章で指摘しました。ここではそれに加えて、考えを実践に移すことからも学びうる、という実際的洞察を示そうと思います。私たちは旅の道連れと共に、聖書と、2000年にわたる教会史の教訓を熟考するだけでなく、実践しながら学びます。そして、模索しつつ実践することで、私たちは学んでいることを徐々に手直しできます。

■ 新しきを建てるために備えよ ■

　以上のような教会の新しいあり方を目指すプロセスには、それが起こりうる理想的な状況がいくつかあるでしょう。そのような文脈の一つは、伝統的な教会体制のなかにいる聖職者と教会員たちが、同じ変革のヴィジョンを共有している状況です。

　制度的教会は変革できないという考えは、明らかに誤っています。しかし、伝統的教会体制の変革が難しいという意見は、明らかに正しいのです。この難しさの実例は、アソル・ギルの『自由の周縁』[14]に語られています。変革の可能性を示すよく知られた実例としては、マイケル・ハーパーの記した米国ヒューストンにあるチャーチ・オブ・リディーマーがあります[15]。

第8章　ヴィジョンを実行に移す

　しかしここでは、聖職者と信徒の間で折り合いをつけて達成した変革の一例に触れるより、変革の可能性の複合的側面を大まかに述べてみたいと思います。そのようなシナリオにおいて、教会員たちは教会のあり方とミニストリーに関してより大きな責任を負うよう訓練されうるし、聖職者たちはそれに応じて弱められ、そして変えられた役割を担いうるでしょう。

　それは実際的にどういう意味を持つのでしょうか。何よりもまず、意思決定のプロセスが参加型になります。信徒全員が教会のあり方、方向性、ミニストリーに責任を負うようになります。第二に、聖職者がたいてい担っている役割の多くを、信徒たちが担うよう訓練されます。信徒たちがカウンセリング、説教、教会管理庶務の仕方を学べます。第三に、信徒がより多くのことを担うようになれば、聖職者たちはもっとリソースパーソンとして動くことができ、信徒訓練に集中できるようになります。

　その結果、信徒がより強くなるだけでなく、いろいろなタイプの礼拝や、ミニストリーのいろいろな優先順位もまた生まれてきます。独りですべてをこなしすべてを決める人物がいないので、教会としての働き、すなわち労り合いと世に対する奉仕は、資源、時間、技術を全員で出し合うという問題になります。さらに、礼拝がより家族的な性質を帯びるようになります。礼拝はもはや、注意深く仕切られた儀式ではなくなります。人々が共に神の御前で、自分たちの仕事、家族、奉仕、学び、葛藤、希望、信仰の生活を聖書に照らして分かち合うために集まることこそが、礼拝となります。

　このシナリオには神学的訓練を受けた人々の役目はもうないのかと言えば、そうではありません。その真逆です。そうした人々は自分たちの技能や知識をもって貢献できるけれども、ただ他の技能を発揮する人々と横並びの立場である、ということです。そもそも、神学的訓練を受けた人が驚異の万能選手だということは、ほとんどありえません。いったいいつから、一人の人が良い

教師、説教者、まとめ役、ヴィジョンを抱く人、慰め役、カウンセラー役、リーダー役をすべて引き受けるはめになってしまったのでしょうか。神学者は、神の民のただなかに自分の居場所を見つけ、そこで人々が神から与えられた賜物を用いるよう促していくべきです。

つまり、説教、聖礼典執行、まとめ役、牧会、そして教会システムを回すための数多(あまた)の課題をすべて担う聖職者の居場所はもうない、ということです。

以上のことを別の次元から考えれば、教会は脱制度化のプロセスを導入すべきです。組織の仕組みは簡素化され、最小限に留められるべきです。役割は振り分けられるべきです。課題は共有されるべきです。そして制度的側面よりも、家族的性質こそが教会の中心を占めるリアリティとなるべきです。

私たちの大半は残念ながら、あまり理想的とは言えない状況に生きています。教会のリーダーたちと信徒たちが変革のために共に働くことはほとんどないのです。ではどうすればよいのでしょうか。現在の体制にただ我慢すればよいのでしょうか。それともそこから脱落し、苛立ち、幻滅するのでしょうか。あるいは、教会体制に対して苛立つあまり、私たちの信仰のリアリティまでも否定するという、本末転倒なことをしてしまうのでしょうか。

私たちは新しきを建て始めるべきだ、というのが答えです。しかしそれは、伝統的教会システムのイデオロギーを無力化して初めて可能になります。言い換えれば、現在の教会だけが正統であり、オルタナティブなあり方はすべて非正統だという考え方を克服する必要があります。このハードルを乗り越えることができなければ、私たちは始める前から打ち負かされてしまいます。そのシステムを変革できず、新しきを生み出せずいるなら、私たちは苛立ち、立ちすくむほかないところに追いやられてしまいます。そここそ、教会に通う人々の多くが行き着いた場所のように見えます。こうした人々は現状に不満を抱いています。かといって、オルタナティブを生み出すことには二の足を踏んでい

ます。

　それでも教会史の大半は、新しい始まりに溢れた旅なのです。宗教改革以降、その始まりはさらに増えました。宗教改革期の諸教会、ウェスレー派、ペンテコステ派、それ以外の多くの教派グループ、これらすべては新しい始まりでした。それらは徐々に正統性と永続性を獲得していきました。しかし、その始まりはどれもおそらく、あなたと私が始めようとしている始まりと同じくらい弱く、小さいものだったことでしょう。改革派教会、英国国教会、アッセンブリー教会のことを考えるとき、それらは不可侵の存在のように思えます。しかしそれらの始まりはみな、弱々しいものでした。ならば、新しい教会のあり方を形成しようという私たちの試みもまた同様です。

　新しい教会のあり方を建てる試みは、画一的な企てではありえません。それぞれに異なるアプローチと戦略が必要になるでしょう。

　すでに検討したアプローチの一つは、聖職者と信徒が同労関係を結んで変革を起こすという理想的な状況でした。しかし他にも多くの可能性はあります。

　また別のアプローチとしては、ラテンアメリカで起こっていることが挙げられます。そこでは、カトリックのキリスト教基礎共同体が、新しきを、旧きと並行して、相補性に基づいて建てています。つまり、制度的教会が特定の機能を果たすために保たれつつ、基礎共同体はその制度的教会を補完するために生み出されたのです。そういうわけで、基礎共同体において人々は交わり、聖書研究、祈り、助け合いのために集まり、ご近所に良い影響力を持つにはどうしたらよいかと方策を練るために集まります。制度的教会において人々は聖礼典に与り、結婚式や葬式を挙げてもらい、学校や病院のような制度的サービスを受けます。人々はまた、制度的教会から社会的・政治的問題に関わる教理指導と支援も受けます。

　西洋におけるカトリック・カリスマ派の契約共同体もまた、組織体制の面

では基礎共同体と異なれど、制度的教会と同労関係を結び、併存しています。しかし、実際の共なる生活、霊性形成の訓練、奉仕の仕事は、その共同体のなかでなされます。

　旧きの下に新しきを建てている人々もいます。彼（女）らは、自分たちの家々で友人たちや関心のある人々と集まり、そこで共なる生活を分かち合い、祈り、聖書に聴き、周囲に良い影響を与えるための共通戦略を分かち合っています。その一方で彼（女）らは、伝統的教会とも関わりを持ち続けています。しかし、彼（女）らの教会生活の中心となっているのは、定期的で、インフォーマルな集まりです。その場でこそ、現実に抱えている霊的またその他のニーズが満たされます。そのような人々が公式的な教会に留まっているのは、義務感からか、あるいはあまり波風を立てたくないという願いからのことが多いでしょう。

　そのようなあり方は、「教会のなかの教会」という考え方に基づいた敬虔主義の実験とそれほど遠くありません。このアプローチには、旧きと新しきの継続的な対話の余地があります。しかし、新しいグループが思い切って聖礼典執行の権利を得るとき、この対話はたいてい打ち切られます。

　敬虔主義は、ルター派正統主義が絶頂期にあった17世紀後半、18世紀前半のドイツで起こりました。フィリプ・シュペーナーに端を発するこの運動は、公式的キリスト教に新しいいのちをもたらそうとしたものでした。心に触れる宗教を人々が再発見するようにと、シュペーナーは祈りと聖書研究を目的とした敬虔な集まりを始めました。シュペーナーは、真の信徒はみな祭司だと主張しましたが、彼は制度的教会からの分離ではなく、むしろ内側からの刷新による教会の変容を励ましました。教会に刷新と変革をもたらす上で、この敬虔主義的な選択肢はまったく廃れていません。現在もなおアプローチの一つとして考えうるものです(16)。

旧きを捨てることによって新しきを建てる人々もいます。そのような人々は、何らかの難しさゆえ、また傷や対立のゆえ、伝統的教会と対話を続けることができません。彼（女）らは、仲間の旅人と共に、徐々に新しきを築かねばなりませんが、最初に救われた教会からは離れるしかなくなってしまいます。

これはおそらく、最も難しい選択肢です。反動的立場を超えて進んでいく能力を要するからです。さもなければ、彼（女）らは旧きを非難するばかりで、新しきはその視界に決して浮かび上がってこないでしょう。積極的な可能性がその地平に広がるとすれば、それはそうした反動的なハードルを上手く乗り越えたとき、そして教会史の傍流を学び、それらの傍流的なモデルを回復し、新しい喫緊の問いをもって聖書に取り組み直すときです。

■ 人々のエンパワーメントは容易でないことを認識する ■

さてここで、一部の読者が抱くかもしれない、いくつかの疑念を晴らしておくことが必要でしょう。これまでの章で私は、「何の権威によってこれらのことをなしうるのか」という問いに答えようとしてきました。しかし他の問いもありえます。新しきは自由至上主義に基づいているのではないか。つまり、本書にあらわされている考え方は、極端な自由思想と行動に基づいているのではないか。そして、「一般」信徒にこれほど大きな力と責任を与えるこれらの考え方は、これまで伝統的に理解されてきた教会の性質そのものを軽んじることにならないのか。

人々のエンパワーメントという考え方が引き起こす別の問いもあるでしょう。リーダーシップの問題はどうなるのか。キリストのからだを建て上げるための、専門的で優れたミニストリーの必要はどうなるのか。初期教会が使徒たちのような特別な人々を必要としていたとすれば、今日の教会を導く、非常に優

れた人々、平均的な家の教会やキリスト教基礎共同体にはいないような人々が必要ではないのか。伝統的教会の一部として、その制度的基盤に則って社会のために広くなされてきた、さまざまなミニストリーの必要はどうなるのか。教会付属の学校や病院、社会福祉のミニストリーの必要はどうなるのか。そして最後に、最もつきまとって離れない問いがあります。すべての刷新運動は、やがてどのみち制度化されるのではないか。だとすればなぜ改革にそんなエネルギーを費やすのか。

　これらの問いはどれも重要なので、のちほど立ち戻ることにします。しかし、これらはそのまま次の大事な洞察につながっています。人々のエンパワーメントモデルは「お花畑」ではない、ということです。この新しいモデルが容易でない理由は、そこにより深い関わりと重い責任が求められるというだけではありません。それを追い求める人々が、伝統的な教会のあり方に立つ人々からの反対を承けて、自己弁護しなければならないからでもあります。

　伝統的教会ではやっていけないと思う人々は、この新しいモデルなら人生をもう少し容易にしてくれるだろう、などと期待しないようにしましょう。実際はその真逆です。伝統的教会がふらっと立ち寄れるカフェテリアにたとえられるならば、人々のエンパワーメントモデルは、自分の食事を自分で料理することを学ぶだけでなく、他人をもてなし、貧しい人々に食べさせることも学ぶところと言えるからです。それはどういうことか、もう少し説明しましょう。

　伝統的教会は、専門家たちとやる気あるボランティアによって運営されています。教会が提供するサービスは、あなたのために手配されています。この新しいモデルでは、何も手配されていません。人々がすべてのことを実現します。人々が礼拝を取り仕切ります。プログラムを練ります。ミニストリーを実践します。

　したがって、人々のエンパワーメントモデルからは、「ブレス・ミー」クラブ

など生まれてこないはずです。そのクラブとは、伝統的教会の仕組みに不満を抱いたからと、同じような考えを抱く友人たち数人と会って、ちょっとしたキリスト者の交わりを求めるようなところです。そうした集まりは、反動的なままであることが大半です。彼（女）らの焦点は、伝統的モデルの何が悪いのかに置かれています。しかしそこには新しきのヴィジョンもなく、その実現に向けた、険しくともやりがいのある道筋を歩き始める勇気もありません。

　人々のエンパワーメントモデルはそれと対照的に、すでに強調したとおり、責任と連動しています。それは人々の手に力を渡し、それによって人々が神のもとでキリスト者としての共なる生活を形づくるために、自分たち自身の霊的成長・発達のために、自分たち自身の世に対する使命のために、責任を持つようになることを追い求めます。つまり、人々が自分たちで、どのように、またいつ集まるのか、キリスト者の成長・発達プロセスには何が必要か、を決めます。そして、それから人々は自らそれを実現させるために動きます。

　その結果、人々が週ごとのカンフル剤あるいは叱咤激励を受けるため教会に来ることは、もうなくなります。人々は共同の交わりのために集まり、受けるばかりでなく、与えるようになります。そうなると、歌うことだけが共同作業という事態はなくなり、聖書研究、分かち合い、祈り、聖餐、またキリスト者の集まりでなされるその他の活動すべてにおいて、そこにいる全員により深い関わりが求められることになります。

　受けるだけでなく与えることが人々の生活にあらわれてくるのは、人々が自分たちで霊的生活の訓練を体得している証左です。その霊的生活のリズムの一部として、祈り、黙想、聖書への沈思、賛美、断食もあります。[17]

　つまり、人々は自分たち自身の霊的発達のために責任を負い始めねばなりません。だからといって、共に集まってなされる賛美、教え、交わりによって霊的に強められないことにはなりません。もちろん、強められます。私たちが

キリスト者として、意味ある仕方で共に集まることが欠かせない理由は、まさにそこにあります。しかし、もし私が霊的に何とか立ち続けるためにそのグループにただ頼っているとすれば、私は依存的で庇護体制に従うばかりのままになってしまいます。

　加えて、ミニストリーと宣教は、連帯責任というだけでなく、個人の責任ともなります。人々は自分たちで聖職者的仕事を担うので、そのような仕事のために誰かにお金を払うことはなくなります。同じように、自分の代わりにミニストリーあるいは宣教をしてもらうために誰かにお金を払うこともなくなります。そこでチャレンジすべきは、可能なところでは自分自身で、またあるところでは他の人と共に、ミニストリーに関わることです。

　この教会のあり方に自由放任主義的なところはまったくありません。むしろ厳しいのです！

■人々のエンパワーメントモデルは無秩序でないのでご安心を■

　ここで、すでに触れた、この新しい教会モデルについての問いと懸念に立ち戻りましょう。この教会のあり方は、自由至上主義、無秩序(アナーキー)、放縦とは無関係です。「何でもあり」の場所ではありません。人々は、だらしない生活を送っているとき、あるいは「何でも、いつでもやりたい放題」のとき、決してエンパワーされません。規律を守り、互いに責任を負い合い、互いに支え合う生活を送っているときにのみ、エンパワーされます。

　人々が教会の人間的な面(おもて)を選択するとき、共なる生活の性質を決定し、それを実現する責任を担うとき、それは無秩序ではありえません。事実、逆のことが起こります。人々は相互責任に基づき、規律ある生活を送ることになります。

このモデルは、反制度的でもありません。脱制度化を志向しますが、しかしそれは無秩序ではありません。制度としての伝統的教会のイメージは、「関係性のなかにある人々」のイメージに置き換えられます。この焦点の変化は、それ独自の組織化原理を伴います。企業のイメージを家族のイメージに置き換えてみれば、そこにはとても異なる社会性があらわれるでしょう。だからといって、後者が必ずしも混沌を意味するわけではありません。

　単純に言えば、次のようになります。大企業を展開するには、それに合った組織的現実が必要です。小企業を展開するにもやはり、それに合った組織的現実が必要です。しかし後者が前者と同じということはありません。同様に、教会が制度よりも家族のように組織されるとしても、それに合った組織的現実はやはり必要なのです。別の表現で考えてみましょう。

　E・F・シューマッハーは、経済的発展だけでなく人々を視野に入れた中間的テクノロジーを推奨しましたが[18]、同様に、教会も人々を大切にしつつ組織されるべきです。つまり、人々の霊的・社会的関心を、制度としての教会の必要に優先すべきです。教会が人々の関心を中心にして組織されるならば、その仕方は必然的にこれまでとは違ったものになるでしょう。具体的に言えば、参加型プロセスが主となるように組織されるでしょう[19]。

　このモデルはまた、リーダーシップの重要性も保持します。人々のエンパワーメントは、リーダーシップをグループの手に渡します。人々はその共同の生活とそのミッションステートメントに対して、共に責任があります。その共なる生活を円滑に運ぶために、彼（女）らはまとめ役、あるいは進行役を持ち回り制にするかもしれません。しかしリーダーシップはもはや肩書きに基づかず、特定の人だけの手に渡りません。要するに、旧き庇護体制モデルの存続につながりやすい配置にしない、ということです。

　だからといって、豊富な人生経験や知恵を持った人々が、インフォーマル

なリーダーシップを発揮することは否定されません。しかし人々の貢献は、グループ内でいつも試され、支持されながら、共同決定権が保持されていく必要があります。

したがってこの新しいモデルは、生まれつきの能力も特別のカリスマティックな賜物も制度化されるべきではない、と主張します。同様に、長老たちも肩書き的な役割を持つ必要はありません。そうした人々は、交わりのなかにある人々にすぎませんが、知恵の賜物と人生経験がある彼（女）らからの助言や意見は、グループ内でものごとを見極めていくために喜んで受け入れられます。さらにこの新しいモデルは、聖霊が教会の全員に賜物を与えたと認めます。これらの賜物（Ⅰコリント12章、ローマ12章）の忠実な活用において、教会は建て上げられ、推進されます。

以上のことは、理論としては良く聞こえるでしょう。では実践としては、どうなるでしょうか。最も基本的な点は、人々は神からにすでに与えられた賜物と能力を発見する必要がある、ということです。したがって人々には、さまざまな課題をひとまず試しにやってみる機会が必要です。その間に、自分はどんなミニストリーを担いたいかが分かるようになるでしょう。そのような発見のプロセスは、自分の霊的賜物を知るプログラム[20]やマイヤーズ・ブリッグス・アセスメント（MBTI）の性格診断[21]などで迅速になりえますが、なりゆきに任せることも許されるでしょう。

人々に、さまざまなミニストリーを実践する責任と機会が与えられているところでは、彼（女）らの得意なことが徐々に判明してきます。そうなれば、それらの能力を、正式な訓練をとおしてさらに発展させるよう励ますこともできるでしょう。もちろん、人々がそれを希望すればの話ですが。

とはいえ、人々のエンパワーメントモデルは、人々に教えの賜物があるなら他の技能は学べないといった考え方をしません。事実、このエンパワーメント

モデルは、キリストにある成熟へと成長するなかで（エペソ 4:13）、私たちは信仰の兄弟姉妹から学び、それによって私たちの地平を新しい可能性へと開くべきだという考え方に則っています。人々を役割や機能に振り分けることほど抑圧的なことはありません。人々は、発達の大きな可能性を秘めている、神の被造物です。

人々にはそれぞれ一つの賜物しか与えられていない、ということは基本的にありません。ある人をただの良き管理者に過ぎないと見ることはできません。ある人を癒やしのミニストリーだけに向いていると分類することはできません。人々には、それぞれ複数の賜物があります。さまざまなことができるのですから、おなじみの役を超えて新しいことに挑戦してみるよう励まされるべきです。それこそが、このエンパワーメントモデルの核心です。新しい課題を試す機会が与えられなければ、人々はそんなことはできないと思い込むようになってしまいます。

ここまで、先に挙げたいくつかの懸念に関わる問いに応答してきました。まとめれば、この新しいモデルは、組織的現実やリーダーシップを持ち、そして賜物を持つ人々の貢献を尊重する、ということです。

まだ応答していない懸念があります。それは、学校、病院、社会福祉的ミニストリーなどのような、教会の制度を基礎とするミニストリーの役割についてです。つまり、各個教会ではそのような大事業を維持できないではないか、という懸念です。

それに対しては、二つの点から応答してみたいと思います。第一に、そのようなミニストリーは諸教会が協働することでなお可能であり、また親中心、共同体中心、パラチャーチ中心の組織統制のもとに置かれるところで可能です。教会の制度的仕組みの維持を正当化することと、制度的教会がこれまで提供してきた、明らかに価値あるコミュニティサービスの妥当性を論じることは

切り離すべきです。そのようなサービスは他のやり方でも維持しうるからです。
　第二の点として、もし教会自らが脱制度化すれば、新しい福祉やコミュニティサービスが起こりえます。
　教会制度を維持したり、ましてや新しく構築したりすることがなければ、新しい教会はかなりの額のお金を、世への奉仕のために費やせるようになります。そうなれば教会は、その制度を基盤とした人的ケアサービスをもはや構築しないでしょう。そのようなサービスはこれまで、制度側の自己理解を反映して運営されてきたのです。
　伝統的教会の自己理解は完全に制度的観点によるもので、教会はそのモデルに基づき、多くの人的ケアサービスを提供してきました。この新しい教会のモデルには、共同体型あるいは自助型の人的サービス提供に基づいたミニストリーを展開するチャンスがあります。人々が成長し責任を持つようエンパワーすることが、教会のあり方にとって鍵となるモチーフなので、他のミニストリー戦略でもそれが鍵となります。つまり、教会の自己理解が制度型から大きく離れて、より参加型へと変化していけば、教会が提供するミニストリーやサービスも、それらの新しい価値やモデルを反映するようになるだろう、ということです。教会は、制度を基盤とした福祉サービスを構築する代わりに、共同体を基盤としたサービスを提供するようになっていくでしょう。
　これらは、人々のエンパワーメントモデルを展開するときに想定しうるいくつかのことがらです。つまりエンパワーメントは、さまざまな方法が融合されたなかで起こります。第一に人々が必要としているのは、新しい教会のあり方は望ましく、そして可能だというヴィジョンです。第二に人々が必要としているのは、自分たちを従属させ続ける旧い諸体制の専制からの解放です。第三に人々が必要としているのは、模索です。それは、新しい教会のあり方を実験する途上で、ふさわしい場所と仲間を見つけることです。第四に、そのよう

な新しい教会に必要とされるのは、グループのあり方、体制、維持、ミニストリーの優先順位に関わる責任を、人々に与えるエンパワーメントです。

　以上、神の民としてのあり方を描く、新しいヴィジョンを実現していくときの実践的な意味合いをいくつか述べました。私がこの新しいモデルの基本を詳しく説明しなかったことに、不満を覚えた読者もいるかもしれません。しかしそれは、この提案の目的にそぐわないことです。新しいモデルは、体制ではなく、プロセスに基づいているからです。これらのプロセスはまず何より、自分たちの生活、自分たちの霊的成長、相互の、また世へのミニストリーのためにより大きな責任を担っていくよう、互いに励まし合い、備え合うことです。そしてこのモデルは、私たちが実際にやってみることで多くを学び、責任を担うことをとおして成長するという考え方に基づいています。

　この道を歩いていこうと願うとき、それが長期的にどんな意味を持つのか、私たちには知るよしもありません。しかし願わくは、その行き着くところがスーパーマーケット的キリスト教の終焉であるように。すべてを用意してくれることに慣れ切ってしまった私たちが、よりしなやかで、引き締まった、自己訓練的で、オープンエンドな形のキリスト教を始めることができるように。

　もしその歩みが再び制度化と硬直性に至るようなことがあれば、それは新しきが見失われたということであり、初めからやり直さねばならないだけの話です。事実、そのやり直しの必要性こそ、本書のすべてです。変革は、庇護体制という揺りかごのなかでの微睡みを破る敵としてでなく、友として歓迎されるべきなのです。

注

(1) デイヴィッド・クラーク『基礎共同体——オルタナティブな社会に向かって』（未邦訳、David Clark, *Basic Communities: Towards an Alternative Society*, SPCK, 1977）を参照。

(2) ベンジャミン・ザブロッキ『喜びあふれる共同体』（未邦訳、Benjamin Zablocki, *The Joyful Community*, Penguin, 1971）を参照。

(3) ドナルド・G・ブローシュ『刷新の源——キリスト者の共なる生活における約束』（未邦訳、Donald G. Bloesch, *Wellsprings of Renewal: Promise in Christian Communal Life*, Eerdmans, 1974）を参照。

(4) ステファン・B・クラーク『キリスト者共同体のパターン——共同的秩序に関する意見』（未邦訳、Stephen B. Clark, *Patterns of Christian Community: A Statement of Communal Order*, Servant, 1984）を参照。

(5) アソル・ギル『自由の周縁』（未邦訳、Athol Gill, *The Fringes of Freedom*, Lancer, 1990）を参照。

(6) M・フレーザー、I・フレーザー『風と火』（未邦訳、M. & I. Fraser, *Wind and Fire*, Basic Communities Resource Center, 1986）を参照。

(7) ジェームス・オハロラン『希望のしるし——キリスト者の小共同体を育む』（未邦訳、James O'Halloran, *Signs of Hope: Developing Small Christian Communities*, Orbis, 1991）を参照。

(8) レオナルド・ボフ『教会、カリスマと権力』、石井健吾、伊能哲大訳、エンデルレ出版、2000年を参照。

(9) S・トレス、J・イーグルソン編『キリスト教基礎共同体の課題』（未邦訳、*The Challenges of Basic Christian Communities*, S. Torres & J. Eagleson [eds.], Orbis, 1981）を参照。

(10) ロバート・バンクス、ジュリア・バンクス『帰ってきた教会——共同体と宣教の新しい基地』（未邦訳、Robert & Julia Banks, *The Church Comes Home: A New Base for Community and Mission*, Albatross, 1989）を参照。

(11) トレヴァー・J・サクスビー『共なる生活を送る巡礼者たち——ものを分かち合うキリスト者共同体の歴史』（未邦訳、T. J. Saxby, *Pilgrims of A Common Life: Christian Community of Goods through the Centuries*, Herald, 1985）

(12) ピーター・バーガー『宗教の社会的現実』（未邦訳、Peter Berger, *The Social Reality of Religion*, Penguin, 1967）

(13) D・アシュリー、D・M・オレンスタイン『社会学的理論——その古典的議論』（未邦訳、D. Ashley & D. M. *Orenstein, Sociological Theory: Classical Statements*, Allyn & Bacon, 1985）を参照。

(14) アソル・ギル『自由の周縁』（未邦訳、Athol Gill, *The Fringes of Freedom*, Lancer, 1990）

(15) マイケル・ハーパー『新しい生き方』（未邦訳、Michael Harper, *A New Way of Living*, Logos, 1973）を参照。

(16) このアプローチに関する興味深い歴史的研究としては、F・アーネスト・ステーフラー『ヨーロッパ大陸の敬虔主義と初期米国キリスト教』（未邦訳、F. Ernest Stoeffler, *Continental Pietism and Early American Christianity*, Eerdmans, 1976）を参照。

(17) チャールズ・リングマ『ヘンリ・ナウエンと旅に出る』（未邦訳、Charles Ringma, *Dare to Journey with Henri Nouwen*, Albatross, 1992）を参照。

(18) E・F・シューマッハー『スモール・イズ・ビューティフル——人間中心の経済学』、小島慶三、酒井懋訳、講談社学術文庫、1986年。

(19) ルイス・バレット『家の教会を建てる』（未邦訳、Lois Barrett, *Building the House Church*, Herald, 1986）を参照。

(20) ジェームス・クリントン『霊的賜物——自己学習、集団学習の手引き』（未邦訳、James Clinton, *Spiritual Gifts: A Self Study and Group-Study Manual*, Horizon House, 1985）を参照。

(21) デイビッド・カーシー、マリリン・ベイツ『カーシー博士の人間×人間セルフヘルプ術　自分は自分・あなたはあなた　人間関係がうまくいく』、沢田京子、叶谷文秀訳、小学館プロダクション、2001年を参照。

第9章　生き方の変革
イエスを中心とする生き方へ

　ここまでかなり深刻な雰囲気で論じてきました。それもそのはずです。おおかたのキリスト者にとって、教会の問題はかなり深刻なテーマです。しかし私たちは、教会に苛立つことが時としてあったとしても、教会という概念を捨て去ることはできません。教会は神の考え出したものです。イエスは神の国に関心があり、パウロは教会に焦点を置いたのだという考え方で、イエスとパウロの間にくさびを打ちこもうとする人々ですら、イエスも弟子たちの共同体を生み出したことを認めざるをえないでしょう（マルコ 3:13-15、9:29-31）。

　神の民であること、共同体であること、連帯することは、神にとって奇抜な思いつきではありません。神は父、子、聖霊の共同体であり、だからこそ神は共同体の偉大なつくり手なのです。神の関心はいつも、神の愛、労り合い、正義を何らかの形で世においてあらわす人々を生み出すことにありました。(1)

　ディートリヒ・ボンヘッファーは、独りぼっちのキリスト者という考え方は新約聖書にない、と明確に指摘しました。キリスト者であるとは、〈コイノニア〉へと呼び入れられることです。(2)

　キリスト者であるとは、信仰によってキリストにつながっているというだけでなく、キリストのからだ、すなわち信仰共同体の一部であることだと私たちは知っています（Ⅰコリント 12:12、13）。洗礼はその事実をはっきり示すものです。この聖礼典において、キリストと私たちのつながりが確認され（ローマ 6:3、4）、私たちがキリスト者共同体の一部であることが、目に見える形であらわさ

れます。同じように、主の晩餐を祝うことにおいて私たちは、キリストが私たちのために死なれたこと、キリストが私たちを共同の生活へと招いてくれたことを祝います。このことを最もはっきり伝えているのが、パウロの次のことばです。「私たちが祝福する祝福の杯は、キリストの血にあずかることではありませんか。私たちの裂くパンは、キリストのからだにあずかることではありませんか。パンは一つですから、私たちは、多数であっても、一つのからだです。それは、みなの者がともに一つのパンを食べるからです」（Ｉコリント 10:16、17）。それだからこそ、私たちはあらゆる時代、あらゆるところの教会と共に、「聖徒の交わり」を信ず、と告白できるのです。

　教会はそれゆえ、私たちの生活にとって周辺的なものではありえません。それどころか、教会は中心的であるべきです。この教会の重要性ゆえに、本書の各頁でその意味について取り組んできたわけです。とはいえ、私が提示してきた方向性は、大きな飛躍を伴うものです。私は、教会の模様替えではなく、ラディカルな再構築を勧めてきました。それは、教会が基本的に制度として突き動かされる存在で、人々に宗教的サービスは提供するものの、人々が責任を負うようエンパワーできずにいるからでした。

　道理で、この再構築が「大仕事」なわけです。なかでも私たちになじみ深い教会の決まりごとそのものを変えるべきだ、と推奨しているわけですから。それは具体的に、制度としての教会の官僚的側面をもうなくすこと、その代わりに交わりを持ち、励まし合う人々の集団を体現すること、そこで彼（女）ら自らが共同の生活とミニストリーに責任を負うことです。

　新しい風が吹いています。その風は、古びて壊れた体制の壁を吹き抜けています。それならば私たちは外へ出て、その風をとらえようではありませんか。しかし、気をつけねばなりません。その風をとらえて、間違った方向に出帆しないように。「間違った方向」とは、そうした新しい教会のあり方が私たち

の生活の中心になりすぎてしまい、イエスが呼びかけたメシア時代の生き方と使命が二次的になってしまうことです。つまり、新しい教会モデルを発展させることが私たちのおもなこだわりになったり、あるいはそれ自体が最終目的になったりしてはならない、ということです。教会は母体であり、そのなかで私たちは養われ、建て上げられ、力づけられて、世にあって光、塩、パン種となっていきます。

　以下では、この主張を二つの異なる角度からとらえてみます。

〈まず、教会でなくキリストが中心であるべきだ〉

　信仰の旅の中心に置かれるべきは、キリストとの関係であり、それはキリストのことばと聖霊に忠実に聞き従い続けることで保たれます。教会は、この信仰の歩みを他者との連帯においてあらわす一つの場所ではありますが、唯一の場所ではありません。あくまでもキリストが第一であり続けるべきで、教会は二の次です。

　違う言い方をすれば、キリストは全人生の主であるはずです。つまり、キリストに主権があると言うとき、それは家庭において、職場において、社会という構造において、そして教会において、どんな意味を帯びるのかを考えるべきです。教会におけるキリストの主権にだけとらわれるべきではありません。

　しかしながら、キリストが第一で、教会は二の次であるべきだという主張は、教会に巣くう西洋個人主義を肯定するものではありません。「神との個人的関係」という垂直的関係を称揚し、水平的関係を極小化する旧きメンタリティを推進しているわけでもありません。むしろここでの主張が非難するのは、「集団思考」と自己目的化した社会的連帯です。

　だからといって、この新しい教会のモデルは、神との垂直的関係を他者との水平的関係に置き換えるものでもありません。その置き換えは最終的に醜

悪な画一性につながり、人々をエンパワーするよりも弱体化させるでしょう。このような現象の過激派としては、ジム・ジョーンズとそのテンプル・オブ・ドゥームやデーヴィッド・コレシュとテキサス州ウェーコでの悲劇が思い浮かぶでしょう。しかし、キリスト者共同体を形成する人々はもっと分かりにくい形で、その集団に感情的・社会的に依存しかねず、水平的関係が垂直的関係を支配しかねません。

　私はその両方の関係性の重要さを論じているのであって、このことでキリストと私の垂直的関係が覆る(くつがえ)ことにはなりません。人々のエンパワーメントモデルは、私たちがキリストにある兄弟姉妹として、それぞれのキリストとの関係を互いにあらわし、受け、また与える、という前提の上に機能します。そのようにして、私たちは信仰において建て上げられるのです。

　しかし教会は、私たちの霊性が形成され養われる唯一の場所ではありません。霊的に養われ、成長し、人々に仕える機会は、私たちの生活、家庭、職場にもあります。それらの場でも私たちは与え、また受けます。それらの場でも、キリストは主として認められるべきです。

　私自身にとっても、家での妻、子どもたち、客人たちとの交わりと分かち合いは、キリスト者としての形成に重要な役割を果たしてきました。一般企業で働いていた時期の聖書研究や祈祷会も同様です。問題を抱えた若者たちと関わるキリスト教団体の職場という文脈でも、交わり、励まし合い、養いは、教会と同じくらい有意義なものであることがしばしばでした。

　どこにいようともキリストと共に生き、キリストに仕えることが私たちの生活の中心となるべきです。教会の集まりはとても大事ですが、私たちの唯一の関心事ではありえません。

第9章　生き方の変革

〈イエスの説いた生き方が中心であるべきだ〉

　福音書はおもに伝記的書物で、書簡はおもに神学的論文だという旧い考え方はもはや支持できません。ルドルフ・ブルトマン以降、学者たちが正当に強調してきたとおり、福音書は、イエス復活後の信仰共同体メンバーたちによって、教会共同体の必要を視野に入れて書かれました。そのようなわけで、福音書は何よりもまず神学的書物であり、イエスの生涯と教えにしっかり集中することで、初期教会のあり方とミニストリーを支援しようとするものでした。その意味で、福音書はパウロ書簡とバランスをとるものでした。

　ここで、ちょっとした「パウロバッシング」を始めて、イエスを持ち上げようとしているわけではありません。そういう話は、新約聖書学の名のもとにたくさんなされてきました。「イエスはラディカルで、パウロは保守的だ」「イエスは周辺に追いやられた者たちや貧しい者たちを解放するために社会運動を生み出したが、パウロは中産階級的な都会の家教会を生み出した」「イエスは女性たちに自由と尊厳をもたらしたが、パウロは女たちの従順という旧い思想を再び主張した」といった説がそうです。

　これらの対比的な命題は、単純化され誇張されすぎているという問題があります。私たちはすでに、パウロの書物の鍵となる解放というテーマを見てきました。キリストにある自由、キリストにおいて人種的、社会的、性別的区分が取り去られたこと、律法と祭司による旧い庇護体制から自由な、神の民としての教会、これらのことをパウロは強調しました。ガラテヤ書3章28節は、まさにそのマニフェストでした。

　しかし、パウロの書物と福音書には重要な違いがあります。前者は、信仰の生活、教会の性質、世に対する奉仕が、「宇宙的」キリストへの信仰から生まれると見ています。一方後者は、歴史のイエスに従うことを基盤とした、メシア到来後の生き方を祝うことに強調点があります。

要するに、パウロ書簡は、復活のキリストによって呼び集められた弟子としての生き方に焦点を置いています。福音書は、「ひげとサンダル」のイエスに従う弟子としての生き方に焦点を置いています。つまり、パウロの強調点は、聖霊にあって生きるよう私たちをエンパワーする天的なキリストとの、信仰による神秘的な一体性にあります。一方、福音書は私たちが、イエスと共に「途上の生活」を送るよう招いています。(3)

　そこには重要な意味合いがいくつかあります。第一は（そして私たちの全体的な議論とそれほど密接でないのは）、パウロが強調する「聖霊にある生き方」では、弟子としての生き方のイメージがかなりぼんやりしている、ということです。一方、福音書が描く弟子としての生き方はより具体的です。それはイエスへの信従、自制的生活、僕(しもべ)的リーダーシップ、神の国において神にすべて明け渡した生活を送ることと結びついています。

　第二は、焦点がもっとはっきりしたもので、この議論をここで展開する根拠となっているものです。すなわち、福音書が強調する共なる生活は、パウロの書物に見られる視点よりずっと、教会中心のイメージから遠い、ということです。つまり、福音書の共同体イメージは、キリストのからだを建て上げる長老や霊的賜物より、イエスのミニストリーを分かち合うことに焦点が置かれています。

　福音書のこうした視点は、新しい教会のあり方をめぐる模索をもう少し軽やかにとらえるよう促します。福音書は、イエスが弟子たちを仲間として召し出したことを描いてはいるものの（マルコ 3:13-19、ルカ 8:1-3）、その焦点はイエスと共に途上にあることにあり、その道中で直面するニーズとチャレンジに応えることにあります。福音書の強調点は、ただ共同体を創ることではありません。イエスと共に人生を歩むことです。その人生は、多様性と可能性がきらめく万華鏡のようです。そこで私たちは、祈りに導かれることもあれば、悪霊祓いをすることもあります。周辺に追いやられた人々と親しくなることもあれば、

権力の座にある人々と対峙することもあります。そこで私たちは、人生を捨てることなく、神にすべて明け渡す人生へと招かれるのです。

　福音書にあるダイナミックさは、「ゴッドスペル」(Godspell) というミュージカルを連想させます。そこに登場するイエスは聖職者然として後光まぶしく、どこまでも真面目くさった神の子ではなく、生きる喜びに満ちた幸せな奇跡行者であり、乏しい人々に思いやりをもって手を差しのべる人として演出されています。屈託なく、神にすべてを明け渡したアッシジのフランチェスコのうちにも、キリストに似た人生が感じられるでしょう。そのエッセンスは、「山上の垂訓」(マタイ5-7章) に凝縮されています。それは、神のことを真剣に受け止め、自分たちのことは深刻に考えすぎない生き方を示しています。

　キリスト教の大部分は自らをあまりに深刻に考えすぎて、神をじゅうぶん真剣に受け止めてきませんでした。そうして、私たちは自分たちの教義的定式を聖書のそれよりも高く掲げてきました。私たちは自分たちの聖職者体制を固定化させてきました。また、世において私たちはこれまで、厳格な、ときには狂信的な道徳の守護者を演じてきました。私たちはたえず、社会を神の名のもとに統制しようとしてきました。教会は、コンスタンティヌス帝時代から18世紀の啓蒙主義時代に至るまで、聖職者としての権力によって直接的に、あるいはときの政治勢力と結託して、社会を統制しようとしてきました。そうして教会は、自らを非常に深刻にとらえるようになりました。教会はそのときどきの権謀術数のなかで、影の権力者たちの一角を占めてきました。

　一方、福音書は、神の国の力が働いていること、しかしそれが私たちの行動と奉仕の責任を否定するものでないことを理解するよう私たちに呼びかけます。そして、世のものでない知恵、すなわち貧しい者が富んだ者であり、弱い者が強い者であり、僕が力を持つという知恵を受け入れるように、と私たちに迫ります。

神の流儀は、私たちの一般的な流儀とまったく違います。その神の流儀が支配する「逆さまの国」で、メシア到来後の生き方を祝い、神の民となるとき、私たちは普通の制度的・組織的現実とは一線を画すべきです。諸制度と諸組織では、体制、管理システム、役割、課題、機能が優位を占めます。イエスの共同体では、友情とミニストリーが第一です。そして、そのミニストリーは、社会のなかで周辺に追いやられた人々を包摂することも含んでいます。

このように大ざっぱに眺めてみると、福音書がパウロの強調点とバランスをとっていることが分かります。というのも後者が、家族関係や主従関係などのような、特定の優先順位に沿ってイメージされたキリスト者共同体のあり方や責任ある生き方にこだわりすぎる可能性があるからです。一方福音書は、体制やあらゆる些末な優先順位を吹き飛ばします。そういったことよりむしろ、世の、とくに小さい者、弱い者に対する神の関心を知り、その神の御心を行うことの力強さを祝うような生き方こそ価値あるものだと強調しています。

福音書の頁を占めるテーマは、赦すこと、受け入れること、もう一里一緒に歩くこと、和解を喜ぶこと、祈りの力、神にすべて明け渡す生き方、友情の強さ、癒やしの現実、解放の喜びです。また福音書は、和解の原則（マタイ8章）と共なる生活の大枠（マルコ10:29-31）を示してはいますが、イエスの共同体がどのような体制をとっていたのかほとんど示してはいません。

興味深いことに、福音書は初期のパウロ書簡（ローマ書、ガラテヤ書、第一、第二コリント書）より数十年後に書かれました。そういう意味で福音書は、「再生文書」と呼べるかもしれません。反体制を強調し、世の価値を逆さまにするメシア到来後の生き方を祝っているからです。福音書はそう強調することで、共なる生活で最も重要なのは特定の体制ではなく、イエスに倣う喜ばしき明け渡しの人生なのだということを、初期キリスト者共同体に対して強烈に思い出させる役割を担ったのでしょう。

第9章　生き方の変革

　福音書は、神の関心事を第一に考えれば、他のことは落ち着くべきところに落ち着くだろうと語ります。しかし私たちには、そうした他のことがまず確実に上手く行くよう奔走する傾向があります。そこには、私たちの安心感、立場、健康、そして教会的な優先順位も含まれます。私たちは、これらがすべて落ち着いてから、ようやく世における神の関心事のために備えられるだろうと思っています。私たちは、まず快適な教会堂を建築し、それからご近所に仕えよう、と考えます。地域コミュニティにまず仕えてから、そのエリアにある既存の建物や資源でやりくりしようとは考えません。こうして、私たちは神の栄光のために教会を建てると言いながら、さあ私たちはエアコンの効いた快適な環境で礼拝ができると宣伝します。

　しかしこのようにふるまっているなら、私たちはおそらくいつまで経っても神の国の課題にたどり着けないでしょう。教会の課題はつねに山積しているがゆえに、たとえば売春をしている女性たちを対象としたアウトリーチは、教会員家族のための幼稚科プログラムが軌道に乗るまでお預けにしてしまう、といったことが起こります。しかし、神の国の課題に向き合うべきはいまであり、私たちの生活の途中においてであり、他のすべての準備ができてからではありません。結婚するまでとか、子どもが成長するまでとか、経済的に安定するまでとか、適切な体制をすべて整えてから、と言って先延ばしにはできません。神の国の生き方では、いまを生きる必要があります。

　ある海沿いの町の教会を思い出します。その教会は、北クイーンズランドに向かって旅する若者たち向けのプログラムを整えるのに時間をかけすぎてしまい、すべてが整ったときには、旅する若者たちはもうその町を通るのを止めてしまっていました。こうした具体例を出したからといって、計画を練ること自体に反対しているわけではありません。もっと柔軟性と自発性が求められている、と言いたいのです。

メシア到来後の生き方は、私たちが自らを深刻にとらえすぎることから自由になるよう迫ってきます。それは、私たちが生み出すキリスト者共同体体制への執着からも私たちを自由にします。それは同時に、イエスと共に生き、世のどこにいようともイエスに倣うことこそ神の民としての本分だという真理を、私たちが自由にあらわすよう迫ります。

　ある友人のことを思い出します。その人は、あるニュースレポーターがとても憤っていたときに、バラの花束をあげました。そのレポーターの女性の回心にとっては、それまでさんざん聞かされてきた「証し」よりも、その花束のほうが大きな意味を持ちました。ある農家の友人は、私たちが支援していた薬物依存者たちと私たちスタッフをもてなしてくれたことがありました。そのとき彼は、地元のペンテコステ派教会で「霊的刷新」を得るためのセッションを何度も受けたことを笑いながら話してくれました。そのセッションは無駄に終わりました。それから数週間後、彼は家畜を集めて家に向かって歩かせていました。その途中、とくに敬虔なことを考えていたわけでもなかったのに、気づけば仰向けに寝っ転がり、大声で恍惚として神を称えていたというのです。

　本書のテーマにもっと近い話をしましょう。私たちは街の路上にいる若者たち、とくに麻薬に溺れている人々にリーチアウトするため、かつてカトリック修道院だった古い建物を拠点にしていました。私たちはだいたい20人くらいで一緒に暮らし、必要なものを分かち合い、共に祈り、遊びました。若い旅人たち、薬物依存者たち、売春をしている人々もその修道院に泊まってもらいました。

　これらはみな自然のなりゆきで起こったことでした。私たちはそこで楽しい時を過ごしました。困っている人を助けました。一生懸命働きました。多くの時間を祈りに費やしました。次の食事がどこからやってくるか分からないこともしばしばでした。午前2時まで路上で働いた後、疲労と眠気を通り越し、朝っぱらから繰りひろげた騒々しいパーティの最中でさえも、神はそれぞれの人生

を変えたのです。

　それでも、私たちはキリスト者の共同体でした。その用語を聞いたこともなければ、それについての本を読んだこともなかったけれども。そういったものは、すべて後からついてきました。それからほぼ 25 年が経ったいま振り返ってみても、キリスト者共同体に関する本を読み、神学的に解釈し、歴史的省察をし、モデルや体制について考えたことが、その後経験した共同体をより良いものにしたかどうか、定かではありません。

　あの「無邪気な」日々のなかで、私たちは破れた人生の痛みに染まりながら、イエスを愛し、イエスに仕えることに集中し、そして賜物としての共同体の現実を得ていました。それは、共同体を実現させようとがんばったその後の試みよりも、いろいろな意味で良いものでした。

　こんな風に軽い感じで言うのは、責任の重さを軽くするためです。人々のエンパワーメントは、責任ある生活にその基礎を置きますが、それが保たれるのは、そこに希望があり、また祝うことが多くあるときだけです。そして、私たちの共なる生活が、神からのいのちと支えをたえず祈り求めなくてもよいくらい安定しているとしたら、それはたぶん私たちが多くを背負いすぎているのであり、究極の祝福を見失っていることになるでしょう。こうした生活は神の恵み深い賜物だということを。

　パウロはこのことに無自覚でありませんでした。彼にとっては、恵みが責任を養い、そしてキリストにある自由が、私たちの体制重視を改めるものでした。教会を理解する鍵モチーフとなる、責任を分かち合うエンパワーメントは、教会であることの責任だけでなく、世に仕える責任をも伴います。しかし、この責任の行使はつねに、イエスに喜んで倣うことから出てくるものであり、そのイエスから来る恵みは、私たちをその途上で養ってくれるものなのです。

注

(1) ポール・D・ハンソン『召し出された人々——聖書における共同体の成長』、未邦訳、Paul D. Hanson, *The People Called: The Growth of Community in the Bible*, Harper and Row, 1986.

(2) ディートリヒ・ボンヘッファー『共に生きる生活　ハンディ版』、森野善右衛門訳、新教出版社、2014年。

(3) アソル・ギル『途上の生活』(未邦訳、Athol Gill, *Life on the Road*, Lancer, 1989) 参照。

(4) イエンス・ヨハンネス ヨルゲンセン『アシジの聖フランシスコ』、永野藤夫訳、平凡社ライブラリー、1997年。

結　論

　本書は、新しい教会のあり方を推奨するものです。それは、旧い教会のあり方が私たちの時代の創造的な勢いに応答できず、現代的な意味をどんどん失いつつあるからです。本書ではこれらの勢いを、人々のエンパワーメントというテーマのもとに見い出してきました。

　大規模な政治化とテクノロジー化に直面する現代社会のなかで、生活をもっと自らの手に取り戻そうとしている人々がいるというサインは、至るところにあります。私が提言しているのは、これらの勢いが創造的に現代の教会のあり方と体制に採り入れられるべきだ、ということです。教会は現代的すぎる、だからまた旧いあり方に戻るべきだ、などとぼやいている場合ではありません。それどころか、教会はまだじゅうぶん現代的でない、と私は主張します。私たちは実践しながら学び、責任感を持つことで成長するという、現在重視されている理解に教会は追いついていません。

　そのことを具体的に説明するために、本書ではとくに共同体形成の潮流を例に挙げてきました。そこで重視されているのは、人々と共に働くことであり、人々のために働くことではありませんでした。後者は、人々をいつまでも依存状態に留めおくことがあまりに多いからです。

　私はまた、人々のエンパワーメントという課題を、聖書に突き合わせてみました。それによって見えてきたのは、キリストにあって共に成長し、その共なる生活と世に対する使命に責任を負い合う人々のつながり、あるいは共同体が重視されていることでした。そうした人々は神の娘や息子として、もう庇護

者のもとにいません。私はそのようにして、私たちの地平と聖書の地平という二つの「地平の融合」[1]を試みました。

 それが、現代的問いを聖書に突き合わせる技法です。つまり、これらの問いによって聖書から新しい洞察を引き出しながらも、現代的な価値を聖書に押しつけないやり方です。言い換えれば、その地平の融合は、私たちの地平が聖書の地平を支配すべきでない、という前提に基づくものです。このプロセスにおいて私たちは、聖書が人々のエンパワーメント、また責任と使命へと向かう人々の成長に関する理解を深めてくれるのだと知りました。

 これらのことから、私たちは次の結論に導かれました。すなわち、教会とは、際立って脱体制化、脱制度化した存在であり、いろいろなあり方があり、礼拝し、教え合い、聖礼典を執り行い、祈り合い、交わり、励まし合い、労り合い、奉仕し合うために人々が共に集まる場だ、ということです。

 その集い方が特定のモデルに則っているかどうかは、大事なことではありません。つまりその外観的特徴が、家の教会、意図的共同体、あるいは脱制度化された伝統的教会体制でなければならない、というものではありません。教会の特徴はむしろ、人々をエンパワーすることです。教会はその性質を獲得するために、人々の手に責任を委ねます。それは、自分たちの共なる生活と世に対する使命のあり方を、キリストの主権とみことばのもとで決めていく責任です。家の教会やキリスト教基礎共同体こそ見習うべきモデルだ、ということではありません。かといって、それらの価値を否定しているわけでもありません。本書の主眼は、そうしたこととかなり異なるものです。本書は、モデルを強調する代わりに、プロセスに焦点を絞ってきました。つまり私の議論は、どんな教会のモデルであろうと、それが人々をエンパワーするプロセスを推進するものであれば、評価するというものです。

 この教会の考え方は、マネージメント的手法を教会に適用することとまった

く異なるものです。キリスト者の共なる生活は、これ以上技術化されるべきありません。むしろ教会は、一つの制度としてでなく、信仰の家族として理解されるものです。

現代西洋の教会の大半が夢中で追いかけてきたものは、数的成長、正しいやり方、効果的役割分担、部門化、「トップダウン」マネージメント、大規模なプログラムの計画でした。その結果、かなりの数のキリスト者たちが、小さい教会から大きい教会に移動しました。後者がより大規模な宗教的サービスを提供できるものだったからです。本書のアプローチはこの傾向と真逆なもので、共なる生活に人々が自ら責任を負うことを促す議論でした。

そのような共なる生活を築くプロセスは何かと問えば、参加すること、共同体を形成すること、互いに励まし労り合うこと、実践によって学ぶこと、挑戦すること、共同的に決定していくことです。これらを抜きにしては語れません。そのプロセスの一部として、共に祈るだけでなく、共なる生活を祝うこと、共に聖書に聴くだけでなく、周囲の共同体に共に仕えることを私は思い描きます。

つまり共同体形成は、人生の全領域に関わることがらです。それは、私たちの信仰の兄弟姉妹の霊性についても、仕事についても同じくらい関心を抱くということです。そこには聖書研究もあれば、人々の誕生日やその他の大事な出来事のお祝いも含まれます。詩の朗読の夕べもあれば、現代神学についてのちょっとした講義の一コマもあるでしょう。子守や多くの実際的な場面で、互いに助け合うこともあるでしょう。ある場合には、実際に誰かの家の増築を手伝うことでしょう。あるいは、引っ越しを手伝ったり、ペンキ塗りをしたりすることかもしれません。

キリスト者共同体は、決して自分たち自身のために存在しているのではありません。世に影響を与えるために、共なる生活を築きます。そこには問題を抱えた人々を、進んで自分の家や生活に迎え入れる人もいます。難民を支援

し、その国に落ち着けるよう手伝う人もいます。近所の多岐にわたるプロジェクトに関わる人もいます。一方で、ほとんどの人は、日々の仕事を証しとミニストリーの場と見なすでしょう。

　この新しい教会の考え方を実現させるなかで、ある場合には、教会がそれまでの形を分解し、人々のエンパワーメントモデルとなることもあるでしょう。また他の場合には、カトリックのキリスト教基礎共同体のように、制度的教会と併存すべきこともあるでしょう。このあり方を、伝統的教会のもとで築く人々もいれば、新たな交わりを築くために伝統的教会から離れる必要のある人々もいるでしょう。

　この教会のモデルはまず何より、対抗的共同体であることです。その動機は、異なった生き方をすることであり、なお世にあって証しとなることです。この考え方によれば、教会の任務は、世の権力体制と競い、世で影響力を行使する聖職者体制を築くことではありません。旧約聖書時代の王権や中世の教会の支配権追求も上手く行かなかったのですから、現代の教会の役割も、社会を管理することにはありません。

　教会はむしろ「小さな群れ」として、世のただなかで、異なる太鼓の響きに合わせて生きるよう召し出されています。良き知らせを告げ、社会正義のために働き、社会を変容するという召しは、権力政治を演じることではなく、キリストに従順に倣うことによります。その勢いは、世に仕えながら真摯に生きることであり、世的なやり方を用いることと何の関係もありません。それはたとえば、米国ワシントンの「ソジャナース」のような小さな共同体による道徳的影響を考えてみれば明らかです。

　冒頭で、いくつかの異なる状況に置かれているグループのために本書が多少の助けとなることを願っている、と述べました。さて、どこにその助けがあるか、ここで明確にしましょう。

結　論

　苛立ちや疎外感から教会を去ってしまった人々には、やり直す方法が一つあります。それは赦すことと模索することから始まります。赦しは、私たちの反動的な立場を積極的な立場へと変え、模索は、私たちのシステムから旧きものを取り去る時間を確保し、新しく始める可能性を開きます。

　事実、みなさんと仲間の信徒たちには、やり直す責務があります。というのも、みなさんはそもそも始めてなどいない、とも言えるからです。教会は、庇護者たちのもとにあるべきではありません。そこは、みなさんが自らの責任を、仲間と協力しながら果たすところのはずです。そのような新しい教会のあり方からは、決して安易に出ていくことができません。教会は「彼ら」（聖職者、上層部、決定する立場の人々）と「我ら」に分けて考えることができないからです。それは「我ら」と「我ら」の問題です。そこでは私たちに、自分たちの共なる生活を生み出すため、他の人々と共に果たすべき役割があるのです。

　教会のなかで立ち往生している人々のことも念頭にありました。教会経験に不満を抱きながらも、そこに留まっている人々のことです。私は長年の間、教会はいまともっと違うあり方を志向すべきだと信じる人々と出会ってきました。教会がもっと人間味溢れる場になってほしい、もっと意味あるものになってほしい、もっとカジュアルなものになってほしい、もっと真正なものになってほしい、とその願望はさまざまでした。しかし彼（女）らは、それぞれの願いを実現するために何もしませんでした。

　彼（女）らが何もしない理由を調べてみて明らかになったのは、彼（女）らが教会の権力と不変性によって幻惑されてきた、ということでした。ものごとはこれ以上変わりようがない、と信じるようになってしまったのです。その考え方をもっと疑う必要がありました。

　教会について不変なものなど何もありません。それは過去に生きた、私たちと変わらない頼りない男女が決めたことが固定化されてきたに過ぎませ

ん。メソジスト派やペンテコステ派教会の始まりを考えてみればじゅうぶんでしょう。それらの新しい始まりの理由は、後代になって重々しい歴史的説明に包まれてしまいましたが、それらはみなさんが仲間たちと協力して一歩踏み出す始まり以上に重いものではありません。その幻惑の覆（おお）いがじゅうぶんに引き裂かれ、みなさんが恐れずに風をとらえ、信仰の旅路へと出帆することを信じています。

　私が挙げたもう一つのグループは、若者たちでした。本書の前半で私は、彼（女）らに対する厳しい意見を述べました。何もしようとせず、リスクを負わない「ブレス・ミー」的キリスト教にはまってしまっている、と。しかし私は彼（女）らを、そのラディカルさの欠落ゆえに非難するつもりはありません。彼（女）らは真に時代の所産です。1980年代はとくに、大きいは美しい、欲望は良いという価値観が生まれました。当時の世界も教会も彼（女）らに、いまを生きること、そして彼（女）らならではの貢献ができることを教えこなかいました。

　若者が伝統的教会体制の安心感を好み、1960年代後半、1970年代前半のラディカルな共同体実験の多くに魅力を感じなかったのは理解できます。それらは小さく薄弱で、1980年代に重視された光沢感ある先鋭性に欠けていたからです。しかし、当時のキリスト者の若者たちは、少なくとも試してみました。彼（女）らは、イエスを祭壇上にあるステンドグラスの窓から路上に連れ出しました。

　悲しいことに、そのイエス運動は短命で、すぐに商業化されてしまいました。しかしそれでも、それは一つの試みでした。そして多くの若者が、キリスト者共同体を試す険しい道を行き、社会的関心と正義の新しいミニストリーを前進させました。この同じ道を喜んで歩んでいる人々はまだいます。多くの家の教会、カトリック契約共同体、意図的キリスト者共同体が、すでに20年の

結　論

歴史を刻んでいます。

　いまの若者世代に属するみなさんにとっての課題は、リスクを負い、懸命に働くだけの価値があると信じられる、新しいヴィジョンを得ることです。それは、みなさんを安全な聖堂から、イエスと共なる路上に連れ出し、神にすべてを委ねる新しい生き方へ向かわせるヴィジョンであるはずです。

　私はまた、聖職者に向けても語ってきました。みなさんは本書のなかで特別不当な扱いを受けた、攻撃された、と感じたかもしれません。言うまでもなく、本書の意図はその真逆のところにあります。私自身も聖職者であり、今日の聖職者にのしかかっているプレッシャーを軽く言うつもりはありません。

　私は聖職者を攻撃する代わりに、そのシステムを責めてきました。聖職者の役割が、実質的にそのシステムを回すためにすべてをこなすことであり、人々を満足させ、祝福を感じさせ、そして人々に本当の責任をまったく与えないことにあるとすれば、それは禍（わざわい）以外の何ものでもありません。こうしたことによって、多くの聖職者がミニストリーの現場から去るに至っただけでなく、深刻な感情的・身体的破綻を来した人々もいました。その上、教会員たちは、不満足で惨めなまま取り残されるのです。

　教会に「人々のエンパワーメント」モデルを採り入れるよう呼びかけるのは、「すべてこなす」プレッシャーを聖職者から取り除き、責任を本来あるべきところ、すなわち神の民に戻すものです。それによって聖職者たちの役割は大々的に変わらねばならなくなりますが、その神学的力量はなお求められます。

　教団教派のリーダーたちが、この来るべき教会の輪郭を喜んでもらえるか、私には分かりません。これからの教会は、制度的に突き動かされた存在であるより、人々の運動体であるべきです。そのような教会は草の根運動であり、関係性のなかにある存在であり、教会政治の中心である役員会で思い描かれるものではありません。私の願いは、やがて人々のエンパワーメント運動が、

これらのリーダーたちを採り込むほど強まっていくことです。

　そして最後に、神学者たちに対して私は何が言えるでしょうか。端的に言えば、次のようになります。みなさんの任務は現状を守ることではなく、私たちの時代の新しい課題に照らして、聖書を新たに読むことです。多くの神学者たちが、世界的貧困、世界的債務という喫緊の課題、また環境破壊の迫りくる脅威に取り組みながら、この任務を遂行しています。これらの課題や、また他の重要なものと並べて、もう一度、教会という家族の問題を課題として挙げておきたいと思います。

　本書は何よりもまず、対話への招待状です。教会はどのような姿であるべきかを示す具体的な青写真ではありません。それは誰も予見できないものです。しかし私たちは、教会をより真正な場所にする実験のもっと近くで働く神学者を真に必要としています。

　2、3世紀以降、教会は司教、司祭、祭壇の場所になりました。

　宗教改革の時代、教会は講壇と説教者の場所になりました。

　新しい宗教改革において、教会は、人々をエンパワーするため、責任を分ち合うため、使命を果たすために組織された多様な草の根運動体となり、その解放を阻む制度的落とし穴を、軽やかに飛び越えていく勢いとならんことを！

注

（1）ハンス・ゲオルグ・ガダマー『真理と方法――哲学的解釈学の要綱』、轡田収訳、法政大学出版局、2000年。

補　遺
変革モデルの一例

　本書の焦点は、現代の教会に特定の枠組みを提示し、体制変革をもたらそうとするものではありません。むしろ、人々をエンパワーするプロセスに重点を置いてきました。そういう意味で、風をとらえること、進路を変えることを語ってきました。具体的な詳細についてまでは立ち入りませんでした。

　それは、具体的なモデルを念頭に置いていないからです。むしろ、模索することが大事だと信じています。いまこそさらに試す時であり、撤退の時ではないのです。そもそも、さまざまな状況にいるさまざまな人々が、それぞれ違うやり方でこれらの考え方を実現していくでしょう。そういうわけで、私はあくまでも俯瞰的な描写のみを試みてきました。

　しかし、もっと具体的なものを求めている読者がいることは痛いほど理解しています。こうしたニーズに対し、非常にためらいがちにではありますが、応答します。というわけで、すぐにでも達成可能と思われる一つのモデルを提示してみましょう。しかし、それがベストとは必ずしも思っていません。それが特別良いのかさえも私にはよく分かりません。しかし、さらなる議論と模索のために、一つの実際的なスタート地点を与えてはくれるかもしれません。

■ 達成可能な一例 ■

　このモデルは、セルグループ（もしくは成長グループ、ケアグループなど）単位で動くものです。それぞれのグループは週日に集まり、日曜日にはそれら

が合同で集会をします。この週日のセルグループが集まるのは、交わり、祈り、分かち合い、聖書研究、聖餐、楽しい夕べ、学び、合同のミニストリーやアウトリーチプロジェクトを実践するためです。一つのセルはたいてい10名ほどの大人と子どもたちで構成されます。彼（女）らは共に集まり、食事をし、上に挙げたことをいくつかするでしょう。子どもたちのための特別なイベントもあるかもしれません。子どもたちは、そのグループにとって不可欠な存在と見なされています。

セルのリーダーはコーディネーター的なもので、2、3ヶ月ごとに交代します。グループ内部の計画は、そのグループ全体で決定されます。コーディネーターは、グループ内で合意された活動が必ず実現するよう努めます。さらに、グループ全体で、自分たちの関わるアウトリーチミニストリーの優先順位を決めます。

教会活動の大半がセルグループ内で起こるだけでなく、各グループは人々をエンパワーするものとして機能します。人々はそこで、共同体形成のプロセスを学びます。グループをどう円滑に進めるかを学びます。どう聖書研究するかを学びます。地域コミュニティを対象にした多様なミニストリーにどう関わるかを学びます。だからこそ、そこには神学的訓練を受けた人や、グループ形成、グループ有効化のスキルを持つ社会科学的訓練を受けた人などの特別なリソースパーソンが必要です。

実際の共なる生活は、セルのなかで生まれます。しかし、セルは開かれているべきであり、閉鎖的になってはいけません。グループはゲスト、とくにキリスト教のあり方に関心がありつつも、その道に入ることを決めかねている「求道者」を招き入れます。さらに、閉鎖性ゆえに起こりうる問題を克服するために、2年のうちに全員が入れ替わることが予め想定されています。

このように複数のセルがあるところでは（ここでは7～10のセルを想定している）、毎週どれか一つのセルが、日曜日にある合同集会の総合コーディネー

トの責任を負います。

　礼拝、教え、集会前後の食事、子どものための特別プログラムなどはある程度お決まりの内容でも、担当のセルのメンバーたちの貢献によって、日曜集会には多様性が生まれるでしょう。全部のセルに関わる問題や日曜日の合同集会に関わることがらが、あるセルから持ち上がることがあるかもしれませんが、そのときはすべてのセルによる議論があった上で最終決定がなされます。しかし、そこでの焦点はあくまでも、全般的な問題を最小限に留めておくことにあります。

　このモデルには、神の民としての共なる生活が、セルのなかで実現されうるという積極的な潜在性があります。合同集会の目的は、他者からの提案の価値を高めることにあります。何よりもこのモデルは、本書のテーマに沿うものです。すなわち、依存を生み出さないために、働きをする人とその他大勢の観客に分かれた教会を生み出すモデルや体制に戻ってしまわないために、人々のエンパワーメントこそが教会の鍵なのです。

ディスカッションのための問い

まえがき、序章
(1) あなたはどのカテゴリーに当てはまりますか。

 a.「立ち往生タイプ」——制度的教会の変革のために一生懸命働いたことがあるが、いまはあきらめている。
 b.「勇敢な少数派」——すでにオルタナティブな教会のあり方を試みてきた。
 c.「疎外されている」——もう教会に行かなくなり、つながりも断ってしまった。
 d.「不満足」——教会に不満があるが、変えるために腰を上げる気はない。
 e. ラディカルなイエスの呼びかけを経験したい。現状を変革するための一歩を踏み出したい。
 f. 以上のどれにも該当しない。（いまの私は　　　　　　　です。）

(2) あなたは、教会は変わるべきだと思いますか。そうだとすれば、個々人だけでなく体制も変わらねばならないと思いますか。それとも、おおよそ現状に満足なので、「教会の変革」というテーマはお門違いでしょうか。

(3) 以下のことは、1) 制度を中心とするアプローチから見たときと、2) 人を中心とするアプローチの視点から見たとき、それぞれどのような対応になるでしょうか。

 a. 教会員の賜物を用いるための励まし
 b. 教会のリーダー同士の論争
 c. 日曜の礼拝プログラムの計画

(4) 女性聖職者の導入は、教会の体制に真の変革をもたらしたと思いますか。それとも変わらなかったでしょうか。それは福音の本質を明らかにしましたか。それともその本質を損なうものになりましたか。あなたの立場を述べてみましょう。

(5)「教会の未来」(21-22頁) のために変革は不可避だという考え方を、これまでの歴史は支持しているでしょうか。そうだとすれば、どのようにでしょうか。そうした変革が起こることに対して投げかけられる批判は、どのようなものですか。あなたはそれをどう考えますか。

(6)「教会は大きな変革をたやすく、またすみやかには受け入れようとしません」(21頁) という著者の見方に、あなたは同意しますか。それは教会に起こる内的あるいは外的な圧力に対応して変わるのと、どう異なるでしょうか。

(7) 以下のうちどれが教会の本質で、どれが教会の形式だと思いますか。

  a. 聖餐式あるいは主の晩餐の執行方法
  b. 教会におけるイエスの位置
  c. 典礼や説教の強調
  d. 聖職者や他のフルタイムの専門職の役割
  e. 教会における共同体意識の育成

あなたはそれが本質か形式かをどのように決めますか。その区別はなぜ大事なのでしょうか。

第1章

(1) 教会にまつわるあなた自身の経験を教えてください。あなたのこれまでの経験はどのようなものでしたか。以下のテーマ (34頁) についてあなたが学んだことを説明してください。

  a. 友情の大切さ
  b. 世における使命のリアリティ
  c. 幅広い教会の伝統を受け入れる姿勢

あなたのたどった霊的な旅路では、他にどんな重要テーマがありますか。

(2) 著者のアボリジニへの宣教経験 (31-32頁) から何が学べるか、まとめてみ

てください。そのイメージは、教会一般にどこまで当てはまると思いますか。このようなことと響き合うあなたの経験はありますか。

(3) 友情（あるいは交わり）と教会の形式・体制の関係について考えてみましょう。これらは「あれかこれか」の問題でしょうか。それとも、私たちはこの両者を創造的に、めりはりをつけて維持できるでしょうか。

(4) 共同体の概念は、著者の教会理解にとって決定的なものです。「共同体は、キリストにあって友だち同士であることであり、それはさらに私たちが世にあってキリストの働きを続けるためのものです」(36-37頁) とありますが、あなたにとって、教会の核心となる概念は何ですか。

(5) 選択肢があるとすれば、あなたはどのような教会経験をしてみたかったですか。とくに以下のうちで、あなたにとって価値あるものを話してください。

　　a. 意図的共同体に住む
　　b. 伝道師になるか、超教派の組織で働く
　　c. 真に求められる教会を自分で立ち上げる

もし、以上のいずれかを経験できたとしたら、どうだったと思いますか。何かしらの否定的な面があると思いますか。

第2章

(1) 「変革とは、私たちと他の人々を動かして、正真正銘の神の民として世に生きるよう励ますことです」(40頁) とありますが、その意味は何だと思いますか。教会ですでに実践していることを変えるか残すかを決めるとき、私たちが問うべきものは何でしょうか。

(2) 「教会は神のアイディアですが、人間の制度の一つでもあります」(41頁)。このことが本当だとすれば、変えてもよい面は何で、変えるべきでない面は何でしょうか。「変えられないもの」リストをごく簡単につくってみましょう。その後に「変えられるもの」リストもつくってみましょう。

(3) 教会のような人間の生み出した制度は、なぜ変わりにくいのでしょうか。変革がとてもゆっくり起こる理由を理解することは、変革をもたらす上でどう役立つでしょうか。

(4) 関心事や新しい発想を発展させるための「安心できる場」(42頁)を、どのように創れるでしょうか。そうした試みの多くが失敗するのはなぜだと思いますか。

(5) 1960、70年代の「新しい」キリスト者運動に対する本書の批判点は何でしょうか。そこから学べる、真の変革が起こるための教訓とは何でしょうか。

第3章

(1) 人々の希望、願い、葛藤を中心に据えた教会とするために、以下の領域でどのような実際的な方法が可能でしょうか。

    a. 教えにおいて
    b. プログラムにおいて
    c. 礼拝において

    これまで、そうすることが難しかったのはなぜでしょうか。

(2) 男性が長であり指導者であるべきだと教会が強調してきたことは、結婚生活にどのような影響を与えてきたと思いますか。それは、教えるという「認識的知識伝達」を中心とする教会のあり方を、どのようにあらわしていますか。

(3) 教会を選ぶとき、自分たちと同じことを重視し、同じ関心を持っているかどうかを決め手とすることに対し、著者はどんな異論を述べていますか。自分たちと似た人たちに加わりたい人に共通する傾向は、その教会の運営にどのように現れるでしょうか。

(4) 以下のようなそれぞれの経験を、どのように礼拝に組み入れられるでしょうか。

a. ビジネスパーソンが職場で直面するプレッシャー
b. 10代の若者たちが最近開いた楽しいパーティ
c. 外国人労働者が異なった社会に解け込む困難
d. 子どもたちとの充実した時間の過ごし方

(5) 教会のプログラムに数えられない日常生活での教会員の証しや奉仕は、なぜ教会で認められにくいのでしょうか。それらより、教会公認の活動の証しやプログラムだけが取り上げられ、認められるのはなぜでしょうか。そのままでよいのでしょうか。

第4章

(1) カール・ラーナーが指摘した「開かれた場」と「境界線重視の集団」について考えてみましょう（72頁）。私たちが「よそ者」と感じる人たちに、どうしたら居心地よく感じてもらえるでしょうか。「身内」と「よそ者」という感覚を薄める方法は何でしょうか。

(2) あなたが観察したことで、以下のような人々が日常の生活で実践している良い働きの具体例は何でしょうか。

a. 社会的・経済的、あるいは人種的違いで分かれているような教会の人々
b. 教会の男性中心のリーダーシップ（75頁参照）

これらのモデルのなかに、私たちの生活をより良くさせるものはあるでしょうか。

(3) 歴史的教訓（76-82頁）を読み、教会が教会であるために、これまであなたが本質的と思ってきたことで、いまはそう思わない要素をリストにしてみましょう。あなたが重要視してきたことは、年月と共にどのように変わってきましたか。

(4) 現在の教会が実践しているもので、聖書的根拠がなさそうだとあなたが感じるものは何でしょうか。以下のことがそれを考える参考になるかもしれません。

a. 教会での礼拝のさまざまな形式
　　b. 教会堂や不動産
　　c. 聖職者と信徒の区別

　聖書に書いてあるかは別にして、以上ものを支持する理由が他にあるでしょうか。

(5) 弱い人々、貧しい人々、疎外された人々が「より大きな栄誉」を受けるために（82頁）、教会はどのように再構築されうるでしょうか。他の問題はあるにしても、以下の領域を見てみましょう。

　　a. 教会の礼拝を誰が導き、どのように行うか
　　b. 個人と集会についての経済的・事務的優先順位をどう決めたらよいか
　　c. 地域のコミュニティに向けた証しと奉仕をどうするか

(6) どんな教派も、自分たちこそ真の「新約聖書的教会」(82-84頁) だと主張できるでしょうか。新約聖書は理想的なモデルより、幅広いモデルを提供しているという著者の結論に、あなたは同意できますか。もしそうであれば、それが示すものは何でしょうか。

第5章

(1) あなたの教会にふさわしい「ミッションステートメント」は何でしょうか。以下のような具体的要素を思い浮かべて考えてみましょう。

　　a. 夫婦関係に悩む人々への支援
　　b. 仕事上の問題や家庭の問題がある人々への支援
　　c. 特定の人ばかりが活動したり話したりせず、全員が参加できるような配慮
　　d. キリスト教信仰の中身を日常生活でどう実践するかの普及
　　e. みなで協力する礼拝と賛美の機会をつくり、人々が神への信頼を深めるための支援

(2) 教会が人々よりも、制度によって突き動かされるとは、どのような状態のことでしょうか。それはどのように起こるのか、自分なりの言葉で説明してみましょう (91頁参照)。

(3) 教会はなぜ、社会をより良い方向へ変革するために先頭を走ることが少ないのでしょうか。いわゆるキリスト教国における国家教会の精神構造 (93頁参照) は、その面で人々をどのように抑え込んできたと思いますか。

(4) 弱い立場から教会を始めるとき、そこに強みはあるでしょうか。それは教会を勝利至上主義、マネージメント重視、成功志向から理解することへの解毒剤となるでしょうか。

(5) 一般社会の「人的サービス産業」から (95頁)、以下の分野で教会が学べる教訓は何でしょうか。

    a. 共同体の真のニーズをどうすれば知ることができるか
    b. 自分たちのニーズを自分たちで満たそうと動機づけるにはどうしたらよいか
    c. サービスの受け手に、どのように主体的に参加してもらうか
    d. 専門家に頼るばかりでなく、むしろその影響を最小限にするにはどうしたらよいか

教会が、そのような「世俗的」分野から学ぶことは正しいでしょうか。「世的」であることと「意味ある」こととの違いは何でしょうか (97頁)。

第6章

(1) 著者は以下のことについて、どのような聖書的観点を浮き上がらせているでしょうか。

    a. 2、3世紀の教会について
    b. 再洗礼派について
    c. マルティン・ルターについて (99-100頁)

著者は、新約時代の共同体のどんなアプローチを取り戻そうとしているでしょうか。

(2)「批判的」に聖書を読むことで本書は、以下の諸問題にどう対処しているでしょうか。

　　a. 新約時代の教会（102頁）の三つの異なるモデル
　　b. 女性の役割に関わる教え（105-107頁）の多様性

　このような考え方に抵抗はないでしょうか。

(3) 西洋の教会が奴隷問題にどう対処したかということは、現代の女性の役割と地位に関わる聖書の「読み直し」をどう根拠づけますか。この分野での変革を求める波が教会外から来ることを心配しますか。神は「現代の現実問題」を用いて、教会に益をもたらす場合があると考えられるでしょうか。

(4) 解放の神学が私たちの聖書理解にもたらした観点は何でしょうか。それは、どの程度私たちに当てはめられるでしょうか。それとも、拒否すべき異端的考え方の一つでしょうか。

(5) 現代的な思想によってキリスト者たちは、新しい問いに直面することを迫られてきました。それについても、その答えは聖書から来る（109頁）と著者は論じています。私たちに迫られている新しい問いで、その多くの場合、いまだ聖書から明確な答えを得られないものは何でしょうか。数あるテーマのなかで、以下について考えてみましょう。

　　a. 性交後避妊（モーニングアフターピル、緊急避妊ピル）
　　b. 民主的に選ばれた政治家が、政権についた後に求められる妥協
　　c. 地球エネルギー資源、食料資源の公平な再分配

第7章
(1)「人々のエンパワーメント」モデルは、1960年代の「若者文化」とどう異

なるでしょうか（112頁参照）。「責任への自由」とは、実際的にはどういう意味を持つでしょうか。

(2) 以下の聖書箇所は、著者の議論を裏づけるために、どう使われているでしょうか。

  a. ローマ書 12 章 20 節（114 頁）
  b. ガラテヤ書 5 章 1 節（115 頁）
  c. サムエル記上 8 章 11-18 節（115 頁）
  d. イザヤ書 42 章 1-7 節（117 頁）
  e. ガラテヤ書 4 章 3 節（118 頁）
  f. コロサイ書 2 章 15 節（119 頁）

 ここでの議論で、伝統的教会観にとってチャレンジとなる点は何でしょうか。第二ヴァチカン公会議以前のカトリックとプロテスタント諸教派は、「体制上の悪」の理解に欠ける教会モデルをどう採用してきたでしょうか。

 そのモデルは、新約聖書のモデルとどういう点で異なるでしょうか。教会がもっと個人をエンパワーするのに有効な行動は何でしょうか。考えられることを一つ挙げてください。

(4) もし聖書が体制を強調していないとすれば、何を強調しているでしょうか。そのことをとくに示す聖書箇所を二つ選んでみましょう（120-122 頁のなかでもよい）。新約聖書で、教会の体制に関わるモデルがほとんど語られていないのはなぜだと思いますか。

(5) 教会を制度としてより家族として考える場合、以下のテーマはどんな意味を持つでしょうか。

  a. 権威とリーダーシップ
  b. 賜物と才能
  c. 教会組織とプログラム

良い家族の特質である互いに対する温かさと受容、家族に必要な「ルールと決まりごと」という秩序を、いかに保てるでしょうか。

第8章

(1) 以下の共同体はどのようなものか調べてみましょう（130-132頁参照）。

    a. 意図的共同体
    b. キリスト教基礎共同体
    c. 家の教会

それらの共同体が、著者の考える教会観に最も近くなるのはどういうときでしょうか。また気をつけなければならないことは何でしょうか。

(2) ピーター・バーガーによれば、変革は人々のなかでどのように起こるでしょうか（136頁）。そのような変革が難しいと思われるのは、なぜでしょうか。職場、家庭、あるいは自分の考えのどこか一つで、そうした変革が起こった状況を考えてみましょう。その変革がこれまであなたに一度も起こったことがないとすれば、それはどうしてだと思いますか。

(3) カリスマ派の教会は旧い教会のパターンに戻ってしまった、と著者が感じているのはなぜでしょうか。どんな旧いパターンに戻ってしまいましたか(137頁)。似たような理由から、あなた自身の、またはあなたの友人の人生で、実質的な変革が起こらなかった例がありますか。

(4) たとえばあなた自身の教会で（あるいは他の制度でもよい）、意思決定のプロセスをもっと参加型にするのに役立つ具体的な一歩は何でしょうか。以下のことがらで、そうした一歩を踏み出す上での問題は何でしょうか。

    a. これまでずっと権威を持ってきた人々の立場
    b. 権威がなかった人々の立場
    c. 制度が持つ構造
    d. 創造性の求められる分野

(5) 以下のことがらで、著者が意味していることを説明してみましょう。

    a.「このモデルは脱制度化を志向しますが、しかしそれは無秩序ではありません」(147頁)
    b.「このモデルはリーダーシップの重要性を保持します」(147頁)
    c.「長老たちも肩書き的な役割を持つ必要はありません」(148頁)
    d.「人々には、それぞれ複数の賜物があります」(149頁)

このような考え方に伴う難しさは何でしょうか。それはチャレンジしてみる価値があるでしょうか。

第9章

(1)「教会は母体であり、そのなかで私たちは養われ、建て上げられ、力づけられて、世にあって光、塩、パン種となっていきます」(157頁)。このことは、以下のことがらについてどんな示唆を持つでしょうか。

    a. キリスト者が共にいるときになすべき具体的活動
    b. キリスト者の生活で重視すべき点

(2) 教会でなく、キリストが中心であるべきだと著者が言う意味は何でしょうか(157頁)。なぜそれが重要な論点だと著者は考えるのでしょうか。あなたはそれを重要な区別だと思いますか、それとも、言うまでもないことだと思いますか。

(3) イエスの説いた生き方を、なぜ強調する必要があるでしょうか(159頁)。それは、教会・聖職者の権力と社会的保守主義という双子の問題と闘うために、どのように役立つでしょうか(160-161頁)。

(4)「神の関心事を第一に考えれば、他のことは落ち着くべきところに落ち着くだろう」(163頁)。実際にあったことでも想像上でも、神の関心事より教会の優先事項が先になってしまう場合や例を考えてみましょう。

(5)「人々のエンパワーメントは、責任ある生活にその基礎を置きますが、それ

が保たれるのは、そこに希望があり、祝うことが多くあるときだけです」(165頁)。この意見について考えてみましょう。

私たちが共に祝う場をいくつか考え出してみましょう。それが、キリスト者が真剣に取りくむべき活動に適切なバランスを与える理由は何でしょうか。(もし可能なら、あなたの答えをイエスの生き方と結びつけてみましょう。)

結論

(1) 教会がなすべきことをなしているかどうか、白日のもとにさらすテストとは何でしょうか。あなたの教会はどうか、そのテストで調べてみましょう。なすべきことをなすために、あなたの教会のどこが変わるべきでしょうか。

(2) 本書によって、あなたは何を得ましたか。

    a. チャレンジ
    b. 慰め

どちらか一つを他の人と分かち合いましょう。

(3) もしあなたが教会のモデルを立案する立場になったとしたら、それはどのようなものでしょうか。そのようなヴィジョンを抱くことに価値はあるでしょうか。

参考文献

D. Ashley and D. M. Orenstein, *Sociological Theory: Classical Statements*, Allynn and Bacon, 1985.

Willem Balke, *Calvin and the Anabaptist Radicals*, Eerdmans, 1981.

Robert Banks, *Paul's Idea of Community*, Anzea, 1979.

Robert and Julia Banks, *The Church Comes Home: A New Base for Community and Mission*, Albatross, 1989.

Lois Barrett, *Building the House Church*, Herald, 1986.

Peter Berger, *The Social Reality of Religion*, Penguin, 1967.

Peter Berger and Thomas Luckmann, *The Social Construction of Reality*. Doubleday, 1966.〔P・L・バーガー、T・ルックマン『日常世界の構成――アイデンティティと社会の弁証法』、山口節郎訳、新曜社、1977年〕

Donald G. Bloesch, *Wellsprings of Renewal: Promise in Christian Communal Life*, Eerdmans, 1974.

Conrad Boerma, *The Rich, the Poor and the Bible*, Westminster, 1978.

Dietrich Bonhoeffer, *Life Together*, SCM, 1954.〔ディートリヒ・ボンヘッファー『共に生きる生活　ハンディ版』、森野善右衛門訳、新教出版社、2014年〕

Emil Brunner, *The Misunderstanding of the Church*, Lutterworth, 1952.〔エミール・ブルンナー『教会の誤解』、酒枝義旗訳、待晨堂、1955年〕

David Clark, *Basic Communities: Towards an Alternative Society*, SPCK, 1977.

Stephen B. Clark, *Patterns of Christian Community: A Statement of Community Order*, Servant, 1984.

James Clinton, *Spiritual Gifts: A Self-Study and Group-Study Manual*, Horizon House, 1985.

J. Severino Croatto, *Exodus: A Hermeneutics of Freedom*, Orbis, 1981.

Avery Dulles, *Models of the Church*, Doubleday, 1974.

Donald Durnbaugh, *The Believer's Church*, Macmillan, 1968.

Jacues Ellul, *The New Deamons*, Seabury, 1975.

Jacues Ellul, *The Ethics of Freedom*, Eerdmans, 1976.

Jacues Ellul, *The Subversion of Christianity*, Eerdmans, 1986.

Jacues Ellul, *The Technological Bluff*, Eerdmans, 1990.

Feminist Theology: A Reader, Ann Loades (ed.), SPCK, 1990.

Elizabeth Schüssler Fiorenza, *In Memory of Her: A Feminist Theological Reconstruction of Christian Origins*, Crossroad, 1983.〔E・S・フィオレンツァ『彼女を記念して——フェミニスト神学によるキリスト教起源の再構築』、山口里子訳、日本キリスト教団出版局、200〕

M. & I. Fraser, *Wind and Fire*, Basic Communities Resource Centre, 1986.

Robert Friedmann, *The Theology of Anabaptism*, Herald, 1973.〔ロバート・フリードマン『アナバプティズムの神学』、榊原巌訳、アナバプティズム研究叢書、平凡社、1975年〕

Hans-Georg Gadamer, *Truth and Method*, Seabury, 1975.〔ハンス・ゲオルグ・ガダマー『真理と方法——哲学的解釈学の要綱』、轡田収訳、法政大学出版局、2000年〕

Athol Gill, *Life on the Road*, Lancer, 1989.

Athol Gill, *The Fringes of Freedom*, Lancer, 1990.

Gustavo Gutierrez, *The Power of the Poor in History*, SCM, 1983.

Paul D.Hanson, *The People Called: The Growth of Community in the Bible*, Harper and Row, 1986.

Michael Harper, *A New Way of Living*, Logos, 1973.

Bengt Holmberg, *Paul and Power*, CWK Gleerup, 1978.

R. Hooykaas, *Religion and the Rise of Modern Science*, Eerdmans, 1972.〔R・ホーイカース『宗教と近代科学の勃興』、藤井清久訳、すぐ書房、1989年〕

Anne Hope and Sally Timmel, *Training for Transformation: A Hand-book for Community Workers* (3 vols), Mambo, 1984.

Eric Jay, *The Church: Its Changing Image through Twenty Centuries* (2 vols), SPCK, 1977.

Johannes Jørgensen, *Saint Francis of Assisi: A Biography*, Doubleday, 1955.〔イエンス・ヨハンネス ヨルゲンセン『アシジの聖フランシスコ』、永野藤夫訳、平凡社ライブラリー、1997年〕

D. Keirsey and M.Bates,*Please Understand Me:Character and Temperament Types*, Prometheus Nemesis, 1984.〔デイビッド・カーシー、マリリン・ベイツ『カーシー博士の人間×人間 セルフヘルプ術——自分は自分・あなたはあなた 人間関係がうまくいく』、沢田京子、叶谷文秀訳、小学館プロダクション、2001年〕

Donald Kraybill, *The Upside Down Kingdom*, Herald, 1978.

Thomas S. Kuhn, *The Structure of Scientific Revolutions*, University of Chicago, 1962.〔トーマス・クーン『科学革命の構造』、中山茂訳、みすず書房、1971年〕

Carlos Mesters, *Defenseless Flower: A New Reading of the Bible*, Claretian, 1990.

Helmut Richard Niebuhr, *The Social Sources of Denominationalism*, Scribner's, 1929.〔H・リチャード・ニーバー『アメリカ型キリスト教の社会的起源』、柴田史子訳、1984年、ヨルダン社〕

Wilhelm Niesel, *Reformed Symbolics:A Comparsion of Catholicism,Orthodoxy and Protestantism*, Oliver and Boyd, 1962.

James O'Halloran, *Signs of Hope:Developing Small Christian Communities*, Orbis, 1991.

Karl Rahner, *The Shape of the Church to Come*, SPCK, 1974.

Charles Ringma, *Seize the Day with Dietrich Bonhoeffer*, Albatross, 1991.

Charles Ringma, *Dare to Journey with Henri Nouwen*, Albatross, 1992.

R. J. Rushdoony, *The Institutes of Biblical Law*, Presbyterian and Reformed, 1973.

Trevor J.Saxby, *Pilgrims of a Common Life:Christian Community of Goods through the Centuries*, Herald, 1987.

Francis Schaeffer, *The Great Evangelical Disaster*, Crossway, 1984.

E. F. Schumacher, *Small is Beautiful: Economics as if People Mattered*, Harper and Row, 1973.〔E・F・シューマッハー『スモール・イズ・ビューティフル——人間中心の経済学』、小島慶三、酒井懋訳、講談社学術文庫、1986年〕

Ira Shor and Paul Freire, *A Pedagogy for Liberation*, Bergin & Garvey, 1987.

Howard A. Snyder, *Liberating the Church*, IVP, 1983.

Jon Sobrino, *The True Church and the Poor*, Orbis, 1984.

F.Ernest Stoeffler,*Continental Pietism and Early American Christianity*, Eerdmans, 1976.

Willard M. Swartley, *Slavery, Sabbath, War and Women: Case Issues in Biblical Interpretation*, Herald, 1983.

Terrence Tilley, *Story Theology*, Michael Glazier, 1985.

The Challenge of Basic Christian Communities, S. Torres and J. Eagleson (eds), Orbis, 1981.

Leonard Verduin, *The Reformers and their Step-Children*, Eerdmans, 1964.

Max Weber:*On Charisma and Institution Building*, S.N.Eisenstadt (ed.), University of Chicago, 1968.〔マックス・ウェーバー『支配の社会学』、世良晃志郎訳、創文社、1962年〕

Max Weber, *The Sociology of Religion*, Methuen, 1966.

Walter Wink, *Unmasking the Powers: The Invisible Forces that Determine Existence*, Fortress, 1986.

Benjamin Zablocki, *The Joyful Community*, Penguin, 1971.

訳者あとがき

■翻訳出版の経緯

　20年以上も前に、しかも西洋の教会を念頭に書かれた本をいま邦訳し、出版までする意味があるのか。この問いと、私の置かれている文脈を常に本書にぶつけながら、リングマの勧めるとおり「批判的に」読み、翻訳し、推敲しました。こうした一連の作業を経て、なお邦訳出版の価値があると考えてここまでこぎ着けました。しかし最終的な判断は、これもリングマに倣ってみなさんにお委ねいたします。

　本書邦訳の発端は、友人たちと始めた「J・H・ヨーダー読書会」でした。ヨーダーは、本書でリングマも大きな影響を受けたと記している再洗礼派の歴史学者・神学者です。その読書会では、まず彼の代表作『イエスの政治』(新教出版社)を読み、その後、『社会を動かす礼拝共同体』(東京ミッション研究所)を読みました。前者はイエスの生涯、死と復活は非常に「政治的」なもので、そこにはキリスト者が従うべき社会倫理があると問題提起しています。後者は、教会共同体に固有の「政治」のあり方こそ、世に対する証しとなるはずだと問題提起しています。

　この2冊を読み終えたあと、これらの問題提起をどう現代日本で「受肉」させるかが課題として残りました。ヨーダーの著作はどれも神学的・概念的な傾向が強いため、もう少し実践的に教会を問い直し、変革していく手がかりとなる題材がないものかと思案していたところ、本書が思い浮かびました。

　そこで私は本書を読み直し、少なくとも次の3つの理由から読書会のテクストにしようと考えました。まず、抽象的な「教会論」を議論するものではないこと。かといって、どこかの成功した教会モデルを提示しているわけでもないこと。そして、現在の日本の教会の文脈を考えたときに、本書の問題提起はむしろこれから真実味を増すだろうということ

と、です。

　読書会メンバーとも相談し合意を得て、私が毎月の読書会に備えて一章ずつ訳していくというスタイルで読み進めました。リングマの挑発的な問題提起を受けて議論も盛り上がり、教会のあり方をみなで考えていく題材になる、と手応えを感じました。さらに自分の教会でもこの翻訳原稿を共有したいという人も出てきて、これは出版する価値があるのではないかと考えるようになりました。そこで、あめんどうの小渕さんに相談してみたところ、出版意義に賛同してくださり、快諾いただいた次第です。

■チャールズ・リングマとの出会い

　チャールズ・リングマを知ったきっかけは、私が在籍していたリージェントカレッジの2007年のサマースクールでした。彼はカレッジでのフルタイムの教職を2005年に退き、拠点をオーストラリアに戻していましたが、名誉教授としてその後もいくつかクラスを教えていました。そのサマースクールで私が受講した彼のクラスは、ずばり「キリスト者共同体を形成する」(Building Christian community) でした。クラスでは、初期キリスト教共同体、修道院、再洗礼派、キリスト教基礎共同体やその他の試みを歴史的に振り返りました。

　その後、現代のキリスト者共同体を訪問してフィールドワークをし、レポートを提出する課題がありました。私は、バンクーバーのダウンタウン・イーストサイドという市中で最も荒廃した地区にある「聖キアラ」という名の意図的共同体を訪問しました。住居形態、経済的なあり方、生活スタイル、ルールなどについてうかがい、誰にでも開かれている食事に交ぜてもらいました。「制度的教会」しか知らなかった私にとって、このような共同体はとても新鮮な経験でした。

　しかし、私がリングマの議論から最も影響を受けたのは、制度的教会かオルタナティブなキリスト者共同体かという二者択一的な考え方は不毛で、その両者が共存し協力していく道を模索すべきだという問

題提起でした。キリスト教史を学んでいた私は、その考え方に納得し、またこれからの教会を実践する上で一つの指針になると直感しました。

　ちょうど日本でも、セルグループなど米国福音派の成功した教会をモデルにしようという動きや、制度的教会の宣教の行き詰まりから家の教会スタイルが注目されるようになっていましたが、私はそのどちらにも違和感を覚えていました。今度もまた西洋の教会モデルをただ輸入するのか、西洋型宣教の反省もせずに新しいスタイルを試みることに意味があるのか、新しい運動もすぐに制度化するではないか、といったことでもやもやとしていたからです。

■エマージングチャーチ

　西洋、とくに北米では、本書が出版される前後の1990年代以降、エマージングチャーチ（新興教会）と呼ばれる新しい教会ムーブメントが出現しました。このムーブメントをどう定義するかは、福音派とは何かを定義するのと同じくらい難しいですが、一つの定義として、以下のようなものがあります。

　エマージングチャーチとは、ポストモダン文化のなかでイエスの道を実践する共同体であり、①イエスの生涯に共感し、②世を変え、③共同的な生活を最重要視する。これらの3つの活動ゆえに、④よそ者を歓迎し、⑤惜しみなく仕え、⑥生産者（プロデューサー）として参画し、⑦創造的に取り組み、⑧一つのからだとして先導し、⑨霊的諸活動に加わる（エディー・ギブズ、ライアン・ボルガー『エマージング・チャーチ──ポストモダン文化におけるキリスト者共同体の形成』[1]〔未邦訳〕より）。

　本書で提示されているリングマの問題意識は、これらのムーブメントと重なる部分が多いようにも見えます（実際、リージェントカレッジ出版局から最初に発行された版の本書副題は、"precursor to the emergent church"［エマージェントチャーチの先駆け］となっていました）。リングマは本書で、若者が変革を起こさないと嘆いていますが、ペンテコステ派やメガチャーチの陰で、このような変革がいくつも起こってきたことは

確かです。

　一方で、こうしたムーブメントに対する反動も制度的教会の側に起こってきました。本書にもちらっと出てきますが、おもに改革派系の教会でそのような反動が強いようです。例えば、ケヴィン・デ＝ヤング、テッド・クラックは『なぜ私たちはエマージェントではないのか』(未邦訳)や『私たちが教会を愛するわけ——制度と組織された宗教を褒めたたえる』(未邦訳)という本も出版されており、リージェントカレッジのＪ・Ｉ・パッカーなどもこうした動きに推薦の言葉を寄せています。

　リングマの問題提起はこうした状況のなかで、そのどちらかを選ぶのではなく、両者が協力して変革を起こすべきだと訴える点で、西洋においてもユニークな声と言えるでしょう。事実、本書は初版から四半世紀を経て、西洋でもなお読み続けられています。リージェントカレッジ出版局からも最近増刷されており、副題も "Church Where People Matter"（人々が大事にされる教会）となっています（リングマも装丁に使うならこの新しい副題のほうがいいと助言をくれました）。

■リングマの生き方

　リングマの経歴を紹介するために、本人から経歴書を送ってもらったのですが、なんとA4で22頁もあります！　その全部をご紹介することはとうていできませんので、ごくかいつまんでご紹介します。

　1942年オランダで生まれ、1952年にオーストラリアに家族で移住して以来、オーストラリアを拠点に世界各地を飛び回っています。中等教育を終えた後、技術専門学校を出て印刷工になり、それから改革派神学校で聖職者となる訓練を受け、アボリジニ宣教をし、薬物依存症の若者を対象にしたミニストリーを始め、その傍らパートタイムで、クイーンズランド大学にて社会学、宗教学を専攻。その後、同大学院で修士課程を終え（論文「初期キリスト教研究における社会学的アプローチに向けて」）、さらに同時期、改革派神学校にて神学を修め（論文「ディートリヒ・ボンヘッファーによる教会論の批判的評価」）、クイーンズランド大学院を経て（論

訳者あとがき

文「ディルタイ、ガダマー、ハバーマスの解釈学」)、同大学院宗教学研究科にて博士号を取得しました（論文テーマは、フェミニスト神学、黒人神学、解放の神学の解釈学に対するガダマーの哲学的解釈学の批判的応用）。

その後、1991年から1998年までマニラにあるアジア神学院で教え、1997年から2005年まではリージェントカレッジで教え、2006年からはクイーンズランド大学院で再び教職につき、いまに至っています。エネルギーに溢れたというか、一箇所に落ち着くことのない寄留者の人生と言うべきでしょう。

著作も多く、断想的な内容から、過去のキリスト者との対話など幅広いジャンルの本を出版しています。前者のジャンルでは、数冊がリージェントカレッジ出版部から出ています。後者のジャンルでは、ヘンリ・ナウエン、マザー・テレサ、キング牧師、トマス・マートン、D・ボンヘッファー、ドロシー・デイなどの思想を分かりやすくまとめて紹介しています。最近は、初期キリスト教から宗教改革までの知恵をまとめた本も出しています。本書の「日本の読者のみなさんへ」に、教会に関する別の本を書いているとあったので、出版されたかどうか連絡したところ、それはまだで、いまは『やることが多すぎる日々のなかで──宣教的霊性におけるテーマ[4]』というタイトルで執筆の最中だそうです。

最後に、この邦訳出版に際して、お世話になった方々にお礼を申し上げます。まず、ヨーダー読書会の皆さん、分かりづらい拙訳を推敲してもらいながら、有意義な議論を共にできたことに感謝します。また、この仕事の意義を理解し励ましてくれただけでなく、男性聖職者ばかりの読書会にときおり参加してくれた妻に感謝します。そして、厳しい状況のなかで本書邦訳出版を引き受けてくださり、やっかいな訳者に忍耐をもって伴走してくださった、あめんどうの小渕さんに感謝いたします。

2017年は「宗教改革」から500年の節目。本書が日本のキリスト者にとって、教会の変革を進める一助となることを願っています。

　　2016年12月

　　　　　　　　　　　　　　　　　　　　　　　　深谷有基

注

(1) Eddie Gibbs and Ryan Bolger, *Emerging Churches: Creating Christian Community in Postmodern Cultures*, Baker Academic, 2005.

(2) Kevin De Young and Ted Kluck, *Why We're not Emergent*, Moody Publishers, 2008.

(3) Kevin De Young and Ted Kluck, *Why We Love the Church: In Praise of Institutions and Organized Religion*, Moody Publishers, 2009.

(4) *In the midst of much-doing: themes in a missional spirituality* (coming soon).

著者：チャールズ・リングマ（Charles Ringma）
1942年オランダ生まれ。10代でオーストラリアに移住。専門学校卒業後、オーストラリア先住民アボリジニや薬物依存症の若者のためのミニストリーを開始。クイーンズランド大学、同大学院、改革派神学校卒。神学博士。フィリピンのアジア神学院、カナダのリージェントカレッジ、クイーンズランド大学で教鞭をとる。キリスト教霊性の分野で多くの著作がある。近著に、*Whispers from the Edge of Eternity:Reflections on Life and Faith in a Precarious World*(2005)、*Ragged Edges:poems from the margings*(2008)、*Hear the Ancient Wisdom Wisdom:Daily Readings from the Early Church to the Reformation*(2013)、*The Art of Healing Prayer*（共著、2015）など。

訳者：深谷有基（ふかや・ゆうき）
1981年東京生まれ。国際基督教大学(BA)、リージェントカレッジ(MA)。キリスト教出版社で編集者として働いた後、宮城県石巻市で東日本大震災の復興支援に携わり、現在はフリーランス編集者、執筆者。
質問・意見は yukick@gmail.com まで。

風をとらえ、沖へ出よ —— 教会変革のプロセス

2017年1月30日 初版発行

著　者　チャールズ・リングマ
訳　者　深谷有基
装　幀　長尾優
発行所　あめんどう
発行者　小渕春夫
　　　　〒101-0062 東京都千代田区神田駿河台2-1 OCCビル
　　　　www.amen-do.com
　　　　電話：03-3293-3603　FAX：03-3293-3605
　　　　郵便振替 00150-1-566928

Ⓒ 2017 Yuki Fukaya
ISBN978-4-900677-31-9
印　刷　モリモト印刷
2017 Printed in Japan

あめんどうの本

■ N・T・ライト

シンプリー・ジーザス 〈近刊〉　　　　　　　　　　山口希生訳　予価(本体2750円+税)

クリスチャンであるとは　N・T・ライトによるキリスト教入門
　　　　　　　　　　　　　　　　　　　　　　　　上沼昌雄訳　定価(本体2500円+税)

■ヘンリ・ナウエン

いま、ここに生きる——生活の中の霊性　　　　　太田和功一訳　定価(本体1800円+税)

イエスの御名で——聖書的リーダーシップを求めて　後藤敏夫訳　定価(本体950円+税)

放蕩息子の帰郷——父の家に立ち返る物語　　　　片岡伸光訳　定価(本体2000円+税)

わが家への道——実を結ぶ歩みのために　　　　　工藤信夫訳　定価(本体1500円+税)

静まりから生まれるもの——信仰についての三つの霊想　太田和功一訳　定価(本体900円+税)

主の憐れみを叫び求めて——ジェネシー修道院からの祈り　太田和功一訳　定価(本体1600円+税)

愛されている者の生活——世俗社会に生きる友のために　小渕春夫訳　定価(本体1600円+税)

すべて新たに——スピリチュアルな生き方への招待　日下部拓訳　定価(本体1000円+税)

ナウエンと読む福音書——レンブラントの素描と共に　小渕春夫訳　定価(本体2300円+税)

■ヘンリー・クラウド＆ジョン・タウンゼント

二人がひとつとなるために——夫婦をつなぐ境界線
結婚生活で大切なのは「愛」だけでなく「自由」と「責任」。　中村佐知訳　定価(本体2100円+税)
夫婦関係に境界線を生かすための指南の書。

聖書に学ぶ子育てコーチング——境界線-自分と他人を大切にできる子に
今からでも間に合う。責任感のある自立した大人へと育てるために、　中村佐知訳　定価(本体2000円+税)
子どもと関わるすべての人々のためのガイドブック。

■キース・ポッター

揺るぎない結婚——すれ違いから触れ合いへ
400回以上の結婚式と結婚講座を行った経験から、　田代駿二訳　定価(本体1500円+税)
結婚生活の秘訣を、実例を交えて解説。

(在庫状況、定価は変動することがあります)